疗愈时代

卖产品不如卖情绪

杨苗 著

广东经济出版社
·广州·

图书在版编目（CIP）数据

疗愈时代：卖产品不如卖情绪 / 杨苗著. -- 广州：广东经济出版社，2025. 2. -- ISBN 978-7-5454-9386-3

I. C913.3

中国国家版本馆CIP数据核字第202430LB27号

责任编辑：刘亚平　李泽琳　朱敏红
责任校对：黄梓芮
责任技编：陆俊帆
封面设计：集力书装

疗愈时代：卖产品不如卖情绪
LIAOYU SHIDAI: MAI CHANPIN BURU MAI QINGXU

出 版 人：	刘卫平		
出版发行：	广东经济出版社（广州市水荫路11号11~12楼）		
印　　刷：	广州市豪威彩色印务有限公司		
	（广州市增城区宁西街新和南路4号一楼106房）		
开　　本：	880mm×1230mm　1/32	印　　张：	7.75
版　　次：	2025年2月第1版	印　　次：	2025年2月第1次
书　　号：	ISBN 978-7-5454-9386-3	字　　数：	152千字
定　　价：	55.00元		

发行电话：（020）87393830
广东经济出版社常年法律顾问：胡志海律师
如发现印装质量问题，请与本社联系，本社负责调换。

·版权所有·侵权必究·

前　言

从物质消费到情绪消费

　　今天，在我们的周围，存在着一种由不断增长的物、服务和物质财富所构成的惊人的消费和丰盛现象。它构成了人类自然环境中的一种根本变化。恰当地说，富裕的人们不再像过去那样受到人的包围，而是受到物的包围。

——让·鲍德里亚《消费社会》

　　台湾"文案天后"许舜英的一句广告语引起不少商品拜物教信徒的共鸣："经济不景气不会令我不安，银行倒闭不会令我不安，缺乏购物欲才会令我不安。"曾几何时，你我都是"买买买"大军中的一员——践行"我买故我在"的宗旨，沉浸在各种购物节、明星种草产品的"纸醉金迷"中，坚信"包"治百病，通过疯狂消费来释放心中的压力。我们沉迷消费主义的陷阱无法自拔，用物质消费来获取心理满足。

与我这 20 世纪 80 年代出生的人不同的是，"90后""00后"的消费观正在发生改变，购买奢侈品不再是年轻消费者的追求。"不是羽绒服买不起，而是军大衣更有性价比。"这句话一方面反映了"反向消费"这种新的消费现象正在年轻人当中兴起。另一方面，也说明现在的年轻人的花钱理念是"千金难买我乐意"。年轻消费者虽然可能舍不得给自己买一件衣服，但却愿意为了自家宠物一掷千金；他们可能自己省吃俭用，但柜子里的一个手办模型就价值千金。

如今我这一代人，消费观也悄然发生了变化。2023 年度账单出来后，我吓了一跳。原来过去整整一年，我竟然没买一个包、一支口红，就连用在服装上的支出也很少；但我买了机票去看我喜欢的演唱会，2023 年花费最多的部分是为领养小猫支付的医药费和健身私教费。我把 2023 年度账单用满足物质需要和满足情绪需要两个指标进行了划分，显然我为满足自己的情绪需要花费更多。

有学者将我国消费发展历史大致分为生活必需品消费、家庭消费、个性化消费三个阶段。第一个阶段是 1978—1995 年。此时，人们主要以解决温饱为目标，从自行车、手表、缝纫机再到彩电、冰箱、洗衣机等"三大件"开始兴起。第二个阶段是 1996—2010 年。此时，人们的生活品质提升，生活必需品得到基本满足，于是大家开始追求家电、汽车等能进一步提升生活品质的消费产品。第三个阶段大致从2010年开始。此时，消费模式开始进入个性化、定制化阶段。经济的飞速发展带动人们购买力的提升，人们的消费能力也随之升级，私家车数量呈爆炸式增长、休闲旅游盛行、教育支出变大等都是其具体表现。此时，人们更追求消费品质和品牌，我国奢侈品的消费规模逐年上升。中国作为新兴消费市场备受世界瞩目。

在统计学上，"人均国民总收入超过1万美元"是一个重要的经济指标。第一个达到这个指标的是美国，欧洲诸国和日本相继在二十世纪七八十年代达到这个指标。2019年，我国终于迈入了人均国民总收入达1万美元的"俱乐部"。

我国人均国民总收入超1万美元后，人们的消费需求呈现出三个变化（图1）：生存型消费品质要求升级、教育消费增加和享受型消费增加。

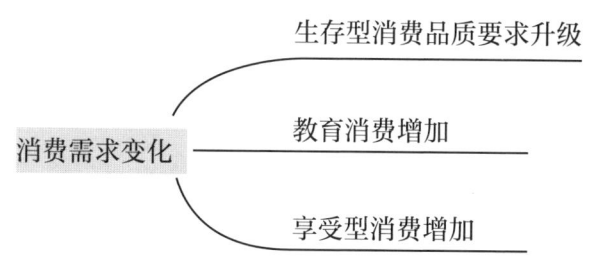

图1　消费需求的三个变化

享受型消费一方面带动娱乐产业飞速发展。比如：美国在人均国民总收入达到1万美元后，出现了迪士尼和好莱坞；日本在人均国民总收入达到1万美元后，动漫产业蓬勃兴起。另一方面，消费者从追求"买得起、质量好"的商品开始向追求能够为自身提供情绪价值的商品转变。正如现代营销学之父菲利普·科特勒所说："星巴克卖的不是咖啡，是休闲；法拉利卖的不是跑车，是一种近似疯狂的驾驶快感和高贵；劳力士卖的不是表，是奢侈的感觉和自信；希尔顿卖的不是酒店，是舒适与安心。"

在年轻人的消费观中，消费进一步升级为情绪消费。物质的极大丰富并没有让年轻人变得更开心，也没有让他们沉溺于物质消费的"欲海"，反而催生出一些上一代人看不懂的消费行为——现在的年轻人开始为情绪这种看不见摸不着的东西买单。

大家有没有发现，在一、二线城市生活的年轻人中，为情绪买单的现象已成为潮流。我观察了身边20多岁的同事，无论男女，他们在日常消费上似乎并不追求名牌，也鲜少为奢侈品买单，但却热衷于一些"奇怪"的消费项目。例如，为了得到某个动漫或影视IP的贴纸、纸袋，他们会去买某一个牌子的咖啡、蛋糕；为了自己的策划方案能得到甲方的青睐而去各大平台算塔罗牌或者去附近的寺庙虔诚叩拜；等等。他们不迷恋名牌，甚至会对某些奢侈品牌不符合自己价值观的行为进行抵制。"我不要你觉得，我要我觉得"的消费认知正在不知不觉地影响人们的消费行为，人们开始将商品带来的情绪价值纳入消费决策当中。

心理分析学家兰斯·多德斯在《哈佛医学院戒瘾手册：七个步骤让你戒掉瘾》中写道："当我们产生情感上的无助和被情绪淹没的感受时，会产生巨大的焦虑。人们在面对焦虑时，会通过特定的自我调节机制，来保持一种控制感和情绪的稳定感。"过去这种感觉是物质消费带来的，现在一部分年轻人通过新的消费方式——以疗愈为目的的正向情绪消费来获得这种感觉。从本质上来说，情绪是驱动一切购买欲望的入口。情绪消费则进一步放大了情绪在消费中的作用，它不以产品本身的价格、品质作为评判标准，而是以消费者在购买时的情绪状态作为消费决策动机。在情绪消费中，可以出现各类让人匪夷所思的商品，例如无厘头的"爱因斯坦的脑子""孤寡青蛙"，甚至还有诸如"情绪树洞""骂醒恋爱脑"等可以为消费者提供情绪的服务。

情绪的多样性必然导致情绪消费的多样性，但与负面情绪相比，人们更倾向于正面的、积极的，能带来放松和愉悦的疗愈消费。英敏特信息咨询有限公司把2023年定义为"疗愈之年"，媒体也不断地把"疗愈"称为"显学"。毫无疑问，经济环境、社会环境、国际形势的变化正在潜移默化地影响着每个人的消费行为，越来越多的人开始为情绪消费买单。本着"质疑、理解、成为"的原则，我也在2023年"疗愈"了一把：生平第一次在都江堰一座据说很灵的寺庙里虔诚地跪拜佛祖，用一支价值30元的香让我有了明年会发财的美好期望；关注了星座博主陶白白，我不知道这个据说是最懂星座的男人预测到底准不准，但他对星座的分析的确会让我有种被说中的感觉；去了伍佰的演唱会，唱歌给伍佰听；在深夜的直播间里看主播们颂钵、冥想；在熟悉的城市里"CityWalk"，找到了久违的快乐。

虽然年轻人的某些情绪消费被认为过于单一和疯狂，但我丝毫不怀疑这一代年轻人对情绪价值的不懈追求以及这一行为背后蕴藏着的巨大商机。不是说过去没有情绪消费，而是与以往相比，这一代年轻人更追求群体归属感、自我表达和自我实现的空间感，这与情绪消费的内核先天契合，也是"疗愈经济"近两年飞速发展的主要原因。

年轻人的消费观预示着未来的消费趋势。未来，情绪消费是否会超越物质消费？从我个人而言，物质消费和精神疗愈两者都不可或缺。收入增长必然带来物质消费的升级，但在这个需要情感共振和精神消费的时代，以"疗愈经济"为代表的情绪消费必将带来新的发展契机。

不管你是产品研发者、供应商，还是普通店家、营销从业者，如果你发现生意不好做了，请不要忽视这个情绪消费新趋势，请学着观察它、研究它，也许你会发现新的蓝海。正如我在《情绪经济学》中看到的一句话："扬起情绪利刃，获得商业成功。"

目　录

第一章

疗愈时代到来

实际上我们有两种心理，一种用来思考，一种用来感觉。
　　　　　　　　—— 丹尼尔·戈尔曼

情绪是消费变量　002
焦虑成为时代的注脚　006
年轻人正在"发疯"　012
被忽视的情绪劳动　016
有分寸的"搭子"社交　019
为情绪消费买单　021
情绪价值就是购买理由　024
从"丧"到"疗愈"　025

疗愈是情绪消费母题　030
从"心"出发的疗愈消费　033
懂疗愈的年轻人　036
消费有价，疗愈无价　040

第二章

万物皆可疗愈

爱自己是终身浪漫的开始。
　　　　　　——奥斯卡·王尔德

◆

凌晨去赶海　047

香气是一味解药　050
　气味与情绪正相关　051
　香气对身心的影响　052

去寺庙住几天　053

陶白白爆红的背后　057

是喵星人还是汪星人　061

颂钵成为流行　064

飞盘与露营为何"过气"　066

从"特种兵式旅游"到"CityWalk"　069

去有风的地方　072

《塞尔达传说》的力量　075

第三章

站上疗愈经济风口

人们愿意在那些能够解决自己正在直面的烦恼、消除自己当下的不安、忘记自己的不愉快、解决自己的困惑的事物上花费时间和金钱。

——松浦弥太郎

情绪消费催生疗愈经济 080
情绪疗愈带动情绪消费 081
是偶然还是必然 084
"Z世代"是疗愈消费主力 086
疗愈经济的增长规模惊人 092

消费升级孕育巨大市场 095
风靡全球的疗愈经济 096
疗愈经济的本质 099
疗愈产业"涨"势喜人 102
疗愈经济细分赛道 106
疗愈经济未来的趋势 110

疗愈经济的B面 114
情绪疗愈成为敛财工具 115
疗愈效果难以量化 117
被视为好赚钱的赛道 119
焦虑营销促销售 122
发展与规范并重 123

第四章

能赚钱的疗愈方式

发挥无形资本（时间、精力、抱负、思考），辅助有形资本（资金、人力、原料、社会关系），为前人所未曾为，做今人所不敢做的事业。

——松下幸之助

疗愈经济的机会　128
　　消除孤独感　128
　　缓解焦虑感　129
　　增加安全感　130
　　获得松弛感　130
　　增加趣味感　131

点燃心中寒冷与温暖的香氛　133
　　产品设计　134
　　销售模式　135
　　营销方式　135

宠物食品让雀巢赚了多少钱？　138

冥想是门大"生意"　143

艺术疗愈多样化　148

可以解压的零食　153

Keep的运动"疗愈经"　159

合并社交与休闲的户外运动 164

蛤蟆先生去看心理医生 169

成年人爱的Jellycat 173

睡觉是个大问题 177

第五章

在疗愈经济中掘金

如果你不开心,那么,能变得开心的唯一办法是开心地坐直身体,并装作很开心的样子说话及行动。

——威廉·詹姆斯

在风口下创业需谨慎 184

疗愈体验个人化 185

趋势变化快 186

疗愈新趋势 188

怀旧疗愈 188

感官疗愈 190

孤独疗愈 191

VR与人工智能 192

虚拟商品 194

　　　　情绪维生素　195

普通人如何通过疗愈经济进行创业　198
　　　　虚拟商品　198
　　　　疗愈视频　198
　　　　疗愈音频　199
　　　　表情包制作　199
　　　　跟拍或旅拍服务　199

疗愈经济下的产品思路　201
　　　　食品行业　201
　　　　家居行业　203

疗愈情绪下的品牌价值　209
　　　　品牌定位　209
　　　　品牌年轻化　212
　　　　与消费者建立连接　213

打造情绪标签　218

在直播中获得疗愈　223

情绪疗愈是营销利器　226

科技助力疗愈经济的未来　230

后　记　233

第一章

疗愈时代到来

> 实际上我们有两种心理,一种用来思考,一种用来感觉。
>
> ——丹尼尔·戈尔曼

情绪是消费变量

小米的一天

早上小米化妆的时候花了好长时间都找不到自己最喜欢的那支口红，匆匆忙忙地出门后发现钥匙忘家里了。好不容易挤上地铁，隔壁小哥的背包一直磨着小米的背。到了办公室，却发现明明已经通过的方案甲方又提出新要求，这意味着小米又要陷入反复修改的噩梦。也许那支找不到的口红就是不幸的一天的预兆吧，小米心想。

小米忙完工作走出写字楼，寒冷的空气让她不禁加快脚步。忽然，小米看见街角那家发出亮光的小店，她知道，那是一家价格昂贵的蛋糕店。在往常，小米一定目不斜视地大步走过。可是今天，这家店好像生出了魔力一样，让小米情不自禁地走了进去，在店员的热情推荐下，小米忍不住买了一块小蛋糕。

小米找朋友拿到备用钥匙，回到家后，翻箱倒柜找到一个精致的盘子，她小心翼翼地把蛋糕放上去，拍了照、发了朋友圈，然后忍不住吃了一口又一口，直到把整块蛋糕吃光。小米吃完后，感到心情放松了许多。

原来甜品真的可以治愈一切不开心呀，小米心想。

类似这样的小事也许在每个人的生活中都发生过。无论是一个包、一块蛋糕、一次旅行，还是在饭桌上对朋友的"疯狂输出"，这些都是我们释放压力的方式。

心理学上有个费斯汀格法则，意思是生活中的10%是由发生在你身上的事情组成，而另外的90%则是由你对所发生的事情如何反应决定。你的情绪会影响你对一件事情所作出的反应。情绪是生活的变量，也是消费的变量。所谓的"冲动消费"，正是人们排解情绪的一种方式。

> **知识箱**
>
> "为学须有本原。"在了解情绪消费、"疗愈经济"的"心"消费前，至少要先对情绪有所认识：人类的认知和情绪是心理学研究的核心内容。
>
> 情绪是一种普遍的、无时无刻不存在着的心理状态。我们的情绪通常表现为基本情绪和复合情绪（图1-1），各种复合情绪构成了人们丰富而复杂的精神世界。

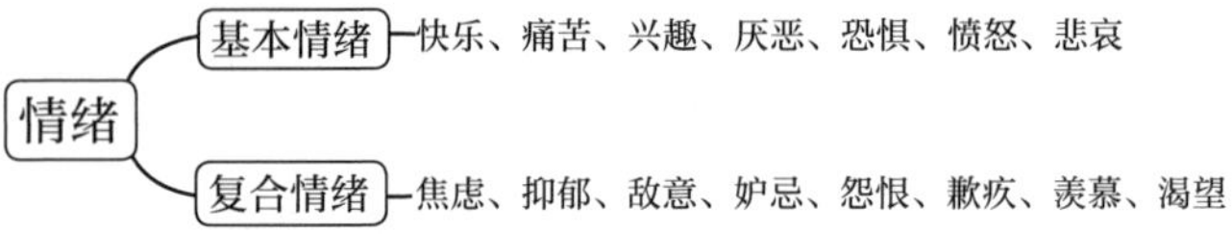

情绪 ─┬─ 基本情绪 ── 快乐、痛苦、兴趣、厌恶、恐惧、愤怒、悲哀
　　　└─ 复合情绪 ── 焦虑、抑郁、敌意、妒忌、怨恨、欺疚、羡慕、渴望

图1-1　基本情绪和复合情绪

以下介绍4种常见的情绪。

兴趣：情绪心理学把兴趣归入情绪范畴。兴趣具有驱动作用，它能调动生理机能，促进维持身体活动所必需的能量释放。兴趣是思维和创造的有效支柱，它支配人的注意和知觉的选择，是智慧发展的源泉。兴趣是社会交往的动因和媒介，有利于人们良好的交往技能的形成。在互联网时代，兴趣是形成社交圈层的重要因素。

快乐：快乐和兴趣是两种最普遍的良性情绪。快乐给人一种欢快、满意、幸福的感觉，是一种享受和享乐的体验。快乐能释放压力，具有一种超越感和自由感，使人处在摆脱束缚的状态，从而使人勇于承受重担和压力，提高经受挫折和痛苦的能力。同时，良好的人际关系也能产生快乐，它为人们提供一种良好的心理环境，有助于人们融入社会。

痛苦：当环境事件对人起着有害的、不利的影响的时候，或当人长期处于等待和期盼的时候，经常会诱发痛苦、忧伤、忧虑、愤怒等负面情绪。

痛苦是最普遍的负面情绪，严重的痛苦会导致悲伤。严重和持久的痛苦可能转变为抑郁，最终变为精神性焦虑或抑郁。产生痛苦的诱因包括物理的、生理的和心理的。

抑郁：抑郁是一种复合情绪，它比任何一种单一情绪的负性效应都更强烈，持续时间更长，给人带来的痛苦更大。抑郁的构成成分以痛苦为主，包含悲伤、愤怒、悔恨、自怨、羞愧等情绪。具体情况因人而异、因时而异、因情境而异。研究发现，过多使用以情绪为中心应对情境的个体，表现出较高的抑郁水平；过多使用以问题为中心应对情境的个体，在任务不可控制的情况下，表现出较高的焦虑水平。

心理学认为，每种情绪背后都藏着一个未被满足的心理需求（图1-2）。例如，孤独的背后是缺乏安全感，需要被关注和接纳；焦虑的背后是缺乏安全感、掌控感和稳定性；愤怒的背后是不被理解和尊重。

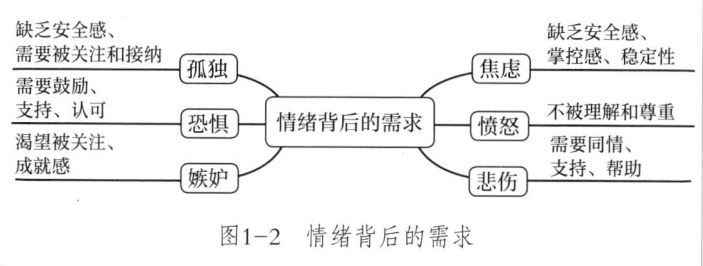

图1-2 情绪背后的需求

焦虑成为时代的注脚

我们正处于集体焦虑的时代,焦虑在世界范围内日益成为备受关注的心理问题。谷歌搜索趋势显示,自2004年以来,"焦虑"一词的搜索频率增长了300%。如图1-3百度搜索指数所示,自2011年以来,"焦虑"一词的搜索指数逐步上升,到2016年搜索指数突破1000,2022年搜索指数最高达到2200以上,其中广东、山东、江苏、浙江等经济相对发达省份的搜索指数比其他省份要高。

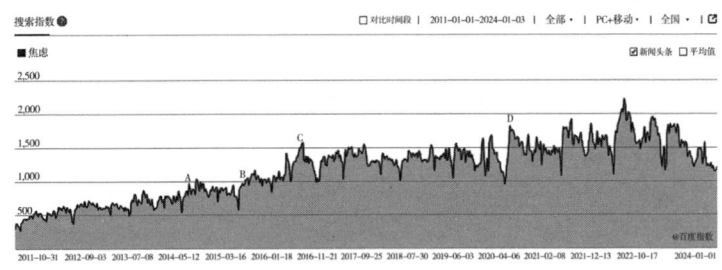

图1-3　2011—2024年关于"焦虑"一词的百度搜索指数

在购物网站上随手一搜的、关键词为"蕉绿""鸭梨山大"的手机壳、玩具随处可见。在小红书、播客、抖音等平台上,制造关于"焦虑"的话题似乎成为各大博主吸引流量的密码。焦虑,与内卷相伴而生,成为青年、中年的情绪爆发点。

社会环境的巨变让稳定性和秩序感消失。生活成本升高、竞争激烈、信息爆炸,科技发展日新月异,这些变化所带来的不确定感让大家产生不同的焦虑：财富焦虑、失业焦虑、养老焦虑、工作焦虑、学业焦虑、育儿焦虑、容貌焦虑……

从各项数据看，年轻人很焦虑。

壹心理《2021心理健康行业年度报告》数据显示，近七成年轻人有不同程度的焦虑情绪。《中国国民心理健康发展报告（2021～2022）》蓝皮书中提到，不同年龄、不同收入下的国民心理健康状况差异突出。本次调查中，抑郁风险检出率为10.6%，焦虑风险检出率为15.8%，抑郁和焦虑水平的影响因素高度相似。在成年人群体中，18～24岁年龄组的抑郁风险检出率为24.1%，显著高于其他年龄组；25～34岁年龄组的抑郁风险检出率为12.3%，也显著高于35岁及以上各年龄组。焦虑风险检出率的年龄差异呈现类似趋势。《2023年度中国精神心理健康》蓝皮书中指出，学生群体的心理健康问题日益突出。受访大学生中有38.26%存在轻度焦虑风险，4.65%存在中度焦虑风险，重度焦虑风险则占2.37%。

李雪琴从一个抑郁症患者蜕变成一名知名的脱口秀演员，她对焦虑的剖析获得了不少年轻人的共鸣："我非常非常擅长焦虑，我有工作的时候就会因为工作而焦虑，我没有工作的时候就会因为没有工作而焦虑，但我也不知道怎么解决我这个焦虑。"

心理学家艾利克斯·福克把青年在20岁到35岁经历

的"一段关于职业、人际关系和财务状况的不安全感、怀疑和失望的时期"定义为青年危机。复旦发展研究院传播与国家治理研究中心、上海信息安全与社会管理创新实验室、哔哩哔哩公共政策研究院联合发布《中国青年网民社会心态调查报告（2009—2021）》，经研究当代青年的"焦虑感"后，发现近七成受访青年或多或少地表达了不同程度的焦虑感，学习、工作、外貌、健康成为焦虑感的四大来源，青年女性、海外青年、东部青年、高学历青年的压力较大。在一项《中国青年网民社会心态调查报告（2022）》的分析研究中，课题组抽取了5492名来自不同区域、年龄层和教育层级的活跃青年网民作为研究样本。数据显示，学习和工作是最能引发当代青年网民焦虑感的因素，排名第一；健康因素排名第二；外貌因素亦被较多提及，排名第三。在性别层面，青年女性的焦虑感表达多于青年男性；在教育水平层面，研究生及以上学历的青年网民比本科、大专和初高中学历的青年网民表达出了更多的焦虑感，呈现出了"越'优秀'，越焦虑"的情况。

与年轻人的焦虑相比，中年人的焦虑更多与各类"危机"相关。在中国，中年人的焦虑往往以"中年危机"的形式出现。2016年，《经济学人》杂志指出：中国的中产阶层有2.25亿人，他们是目前全球最焦虑的人。中国的中产阶层的压力和焦虑主要来源于四个方面：房贷、子女教育、医疗和养老。近两年来，失业、降薪成为不少中年人新的焦虑来源。与工龄越长越值钱的传统职业认知不同，经过近二十年的产业结构的变化和数字化、互联网的重塑，工龄似乎在很多行业中变得没那么值钱了，出现这种情况是因为经济发展、教育水平所带来的工资变化效应远远超过了个人工作经验增长的价值。

"越文明，越孤独。"德国社会学家哈尔特穆特·罗萨认为，现代性的实质就是社会加速，其中又可以分为科技加速、社会变迁加速、生活节奏加速。

一方面，社会转型中的不确定性是主要特征。现代科学技术的高速发展，人工智能发展日新月异，给所有人带来一种前所未有、不断扩散的不确定性。焦虑是对未来不确定性的情绪反应。现代社会，最确定的就是不确定性，这种不确定性让人们无法对未来的前景作出准确预期，于是"病急乱投医"，唯恐"一步赶不上、步步赶不上"。在人生充满不确定性和未来不可预期的背景下，焦虑情绪扑面而来：知识焦虑、教育焦虑、考研焦虑、考公焦虑、就业焦虑、薪资焦虑、住房焦虑、结婚焦虑、生娃焦虑、信息焦虑、医疗焦虑、养老焦虑……似乎任何事情都是焦虑的来源。

另一方面，个人的焦虑还与自身的身体素质和人际交往相关。例如，困扰现代人的普遍问题——失眠，一位从事金融行业的朋友和我说他经常睡不着觉，一到凌晨就开车出门溜达，"深夜食堂"是他的睡前仪式。最近，我的一位同事就因为上初中的儿子一到考试就焦虑导致发烧，搞得她自己也焦虑。刚开始，我的同事以为自己的儿子是装病，结果到医院检查后发现真的是发烧，弄得她很无奈。与前几代人相比，现在的人更关注自己的情绪，也更容易因为自我期望过高，性格敏感、内向而产生紧张、焦虑等负面情绪。

除了社会环境、个人原因之外，突如其来的新冠疫情让焦虑、抑郁的情绪加剧。美国和澳大利亚的研究人员在英国权威医学杂志《柳叶刀》上发文称，2020年新冠疫情暴发之后，全球的抑郁症患者数量增长达27.6%，焦虑症患者数量增长达25.6%，受新冠疫情影响严重的国家的患病率大幅上升，其中女性受到的影响较大。测测集团联合知名咨询公司沙利文发布的《2022中国泛心理健康服务行业白皮书》显示，受新冠疫情的影响，随之而来的经济下行和健康担忧等问题，给全世界人民带来了巨大的精神压力。各类精神和心理障碍的发生率高速增长。

生活风险、社会风险、经济风险、安全风险的增加与累积，给不同阶层群体的基本生存状况带来空前的变数并出现"乘数效应"，进一步加剧社会焦虑聚集的危险性。生活中，不同的焦虑源导致幸福感降低正在成为社会普遍现象。有人认为焦虑是消费主义的产物或者是互联网上过度贩卖和扩散的情绪。但没有人不认为焦虑的确在方方面面影响着人们的身心健康。焦虑就像悬在人们头上的达摩克利斯之剑，正如美国哲学教授戈登·马里诺在《存在主义救了我》一书中说道："即使你已经解决了一切问题，但总会有更多事情可焦虑。"

> **知识箱**
>
> ### 焦虑情绪的双面性
>
> "当你在凝视深渊时，深渊也在凝视你。"焦虑作为一种常见的情绪状态，是一种内心紧张不安、预感到似乎要发生某种不利情况而又难以应付的不愉快情绪。对我来说，它就像走夜路，不知道周围有什么，但总觉得周围有什么的那种紧张感。
>
> 在心理学中，把有明确对象的不安、担心和忧虑称为恐惧，把没有明确对象的恐惧称为焦虑。焦虑没有明确的对象，没有明确的方向，所以才让人感到更加惶恐、无措。一方面，焦虑带来了心理疼痛；另一方面，它也是正向提醒。合理性焦虑就像危险来临之前的警笛，能够让我们时刻保持警惕，并主动寻找解决方法。

年轻人正在"发疯"

35岁以后的中年人都在做什么工作？

房贷、车贷还在，孩子还在读私立学校，失业了怎么办？

未婚未育的女性是找不到工作吗？

年轻人的工作在哪里？

当你在社交平台浏览或搜索了某些关键词，这些让人感到焦虑的标题就会扑面而来，看完这些或真或假的文章，有多少人还能保持淡定、不焦虑？

面对焦虑和不确定性，"发疯"正在成为年轻人的常态，他们认为："做人没必要太正常。"

他们的旅行风格是来去如风：5天打卡"三山五岳"的"特种兵式旅行"；穿梭在陌生城市大街小巷的"盖章式"打卡旅行。

他们在找工作时，会去卧佛寺诚心烧香，只因为"卧佛"的发音与"offer"的发音相近。

他们沉迷于撸猫、撸狗，甚至开始遛用纸壳做的猫和狗。

他们嫌30元一杯的奶茶太贵，但是花50元买一堆刮刮乐却很快乐。他们甚至把刮刮乐包装成花束和礼盒，让它频繁出现在生日派对、婚礼、庆祝考研上岸的现场。

他们沉迷于网上各种形式的"发疯文学"[①]。"与其精神内耗自己，不如发疯外耗他人。"这句话道出"发疯文学"爱好者的真实目的——内在情绪表达。"发疯"与其说是年轻人逐渐不正常的表现，不如说是他们对自己的学习、工作和生活状态充满无力感的非正式表达。"发疯"是年轻人正视情绪、宣泄情绪的方式。

在对现实感到焦虑、对未来感到恐惧、对人生感到迷茫的心态下，以及在"青年危机"的高压下，年轻人渴望迅速找到一种可以解决当下问题的高效策略。年轻人"发疯"的背后隐藏了3点现实原因。

1.宣泄情绪

我国教育竞争激烈，学生群体压力大。青年群体长期面临较大的学业压力，有88.7%的中学生和77.3%的高等教育在读学生感受到明显的学业压力，这种压力显著高于其他压力源[②]。在职场上，就业竞争"白热化"，尤其在一、二线城市，"996"的加班文化盛行。

当代年轻人身处的学习、就业、生活环境与"70

[①] "发疯文学"是网络上一种流行的表达方式。用一连串语序混乱、毫无逻辑、爆发力与感染力十足的文字宣泄情绪，在传达冲击感、抓狂感的同时又充满了微妙的幽默感。

[②] 数据来自中国青少年研究中心团队协同中国科学院心理研究所对青年进行的心理健康专题调查。

后""80后"不同。社会高速发展所带来的巨大变革，再加上时代的不确定性、竞争与成功标准的单一性等问题，让当代年轻人面临各种压力。他们对自己的现状不满，渴望改变，却迫于各种原因无法改变。在内卷还是躺平的压力情绪中，大多数年轻人选择用"发疯"的形式来释放内在压力，他们希望通过一种短暂的安慰来转移注意力，暂时忘记自己的困境。

2.寻求认同

相比线下面对面交流，年轻人更愿意通过网络社交平台对话。"网络上异常活跃，现实中唯唯诺诺"成为年轻人社交的真实写照。在线下，他们称自己是"社恐"，人际互动频率低，人际关系疏离，处于"社会原子化生存"[①]的生活状态。《2016年人际关系亲密指数报告》显示，中国受访者在亚洲十个国家和地区的受访对象中，人际关系满足感得分最低。线上陌生人社交成为中国居民扩展社交圈的便捷途径。年轻人缺乏情感寄托，孤独感变得更强烈。同时，年轻人对于个人发展和自我实现的过度重视在一定程度上压缩了他们的社交圈。

在现实生活中屡屡碰壁的年轻人不愿意与亲人、朋友交流，作为互联网的原住民，他们更愿意在多元、包容的

---

① 社会原子化生存，是指一种社会现象，即人与人之间的联系和依赖程度降低，个体变得越来越孤立，独立生存的需求和能力增强。

网络中与陌生人交流，通过发表"发疯"言论来表达自己，寻求同类共鸣。"发疯"让个人的情绪被稀释泛化为同类群体的情绪，个人从群体中得到支撑，并借此完成对自我的慰藉和对苦闷情绪的平摊。

3.维持内在平衡

有学者认为，年轻人"发疯"不是逃避现实，而是借此来消解内心的苦闷和焦虑。他们通过这种自嘲、戏谑的方式找到个人与他人、物质生活与精神生活之间的微妙的平衡关系。很多年轻人在"发疯"后表示："自从'发疯'后，情绪稳定多了。"

无论是用"发疯"的方式还是用别的方式来发泄情绪，都成了年轻人及时获得情绪价值、维持心理平衡的可选项。

维卓发布的《2024社交媒体全球使用趋势报告》显示，2022年，中国社交媒体用户数量达到10.2亿，预计到2027年将达到12.1亿。互联网的社交属性和匿名性让年轻人在现实世界中难以被发现和倾吐的情绪得以显现。年轻人除了在社交媒体上用"momo"的昵称来发表言论倾吐心声之外，还会购买"树洞"服务来释放自我而不必顾虑旁人的眼光。看过王家卫导演的《花样年华》就会知道"树洞"服务是什么意思，只是这里的"树洞"是指一个陌生人而已。

被忽视的情绪劳动

青青的故事

青青，我的高中同学，大学毕业后成为一名全职家庭主妇。

在别人眼里，青青是养尊处优的阔太太，什么都不愁，家里有保姆帮忙照顾两个孩子，两个孩子都非常优秀。她可以经常度假，她的人生就是享受生活。在某次同学会上，"打工人"纷纷抱怨自己的工作、生活，顺便羡慕一下青青的清闲生活。但没想到同学会进行到最后，竟成了青青的吐槽专场。

"你们是不知道我有多累！"青青叹了口气。她的两个儿子一个读初中，一个读小学，都在私立学校上学。家里虽然有保姆帮忙，但也只是负责简单的家务，青青主要就是围着两个孩子转。大儿子爱好篮球，从小就找好的教练学习，不仅上下课要接送，就连参加各种大小型的比赛也都要全程陪同。如果比赛地点在本市还好，但如果是参加全国大型比赛，青青还要带着大儿子全国跑。小儿子爱好表演，从小就开始拍广告，长大一点还要经常去电视台录节目或者参加英语演讲比赛。"你们不知道，每次小儿子表演节目，我要陪着他排练就算了，就连舞台设计和英文演讲稿的编写我都要参与。我自己上学那会可是从来没有上过台啊!"除了这些,青青还要辅导孩子的作业、送孩子去培训班、陪孩子去医院等。"我已经尽心尽力照顾他们了,有时候老公还觉得孩子成绩下滑、生病都是我的错!他怎么不来试试,我也很累的!"

总是感觉疲劳是现代人的通病,不管是辛苦上班的普通人,还是旁人看起来生活轻松的全职家庭主妇,每个人都觉得自己累。卡耐基在《人性的弱点》一书中说:"我们的疲劳通常不是由于工作本身,而是由于忧虑、紧张和不快。"

为什么所有人都觉得自己很忙、很累?早在1983年,美国社会学家阿莉·拉塞尔·霍克希尔德在自己的著作《心灵的整饰:人类情感的商业化》中就用"情绪劳动"这个概念作出了解释。她认为,服务性质更强的行业中的工作人员,如空中乘务员、医生、护士、老师,因为工作的要求,不管自己的真实情绪如何,都需要时时表现出礼貌、专业、耐心、愉悦。相较于情绪劳动少的工作,情绪劳动更多的工作使人们出现情绪问题的概率往往会更高。

其实在现代社会,除了从事服务行业的"打工人"觉得累以外,从事其他行业的"打工人"也觉得累,究其原因,除了要承受高强度的体力劳动、脑力劳动外,还有难以负荷的情绪劳动。例如,在下班回家的地铁上接到同事电话要求马上回公司开会；明明跟同事说了800遍要注意这个细节，结果还是出错；老板是"控制狂"，每件事都必须按照他的要求来做，否则就是一顿"咆哮"……诸如此类的事让情绪像不断加压的压力锅，一点就着。

同样，很多时候全职家庭主妇"一点就着"的原因也是在于自己的情绪劳动不被认可。家务、育儿、护理都被称为"看不见的劳动"或"影子劳动"，它们不仅不能带来收入，还会引发家庭矛盾。

心理学家发现，情绪劳动会带来消极情绪、情绪耗竭、自我疏离感、工作满意度降低、自我真实感减弱等负面影响。然而现实情况是，很少有人甚至完全没有人会把这些负面影响看作需要重视的问题，这些影响往往只能靠付出情绪劳动的人自己想办法减轻或消除。我的一位朋友就因为受不了上司常年的"PUA"而辞掉了薪资待遇各方面都不错的工作。

> 知识箱
>
> ## "PUA"对情绪的伤害
>
> "PUA"是年轻人中流行的一个情绪词。PUA（Pick-up Artist），原意指"搭讪艺术家"，原本指男性接受系统化学习、实践并不断更新、

> 提升、自我完善情商的行为，后来泛指很会吸引异性、让异性着迷的人及其相关行为。在年轻人中，除了感情"PUA"，职场"PUA"也经常被提及。
>
> "PUA"被视为情感虐待的一种方式，常见的"PUA"手段"五步陷阱"为好奇—探索—着迷—摧毁—情感虐待。一方通过情感控制或精神打压，让对方情感崩溃，失去理性，这不仅会给对方的情绪带来极大伤害，严重的还将导致对方身体受创甚至危及生命。北大"包丽案"就是一个不幸的例子。

有分寸的"搭子"社交

2024年春节期间，"断亲"成为社交媒体上的热搜话题。这里说的"断亲"，就是懒于、疏于、不屑于和二代以内的亲戚交往，简单来说就是平时基本不走亲戚。其实，"断亲"这个现象并不是新鲜事，与之相反的是"搭子"社交盛行。年轻人或许不需要亲戚，但一定需要"搭子"。打开小红书，寻找"饭搭子""考研搭子""旅行搭子"的笔记不计其数，我甚至看到有找"创业搭子""自媒体搭子"这种看起来颇为不靠谱的笔记。作为一种新型社交方式，"搭子"社交在年轻人中成为刚需，"搭子"是比有着血缘关系的亲戚更"可靠"的伙伴。

"搭子"一词最早来源于上海方言，本指一起打牌的人，后引申为合伙者。在网络流行语中，"搭子"就是主打精准陪伴的伙伴。这类伙伴往往产生于某个特定场景、某种兴趣或某个特定时刻；"搭子"可能是一次性的，也可能是长期的。例如，"饭搭子"主打一起吃饭、探店；"学习搭子"主打一起备考时的相互鼓励与陪伴；"游戏搭子"主打一起联机玩游戏；"追星搭子"主打喜欢同一个明星。总之，只要有需要，万物皆可"搭"。

Soul App 发布的《2023 年轻人搭子社交报告》显示，每 4 个 "00 后"就有 1 个人有"搭子"。年轻人找"搭子"的主要原因，是想和有共同兴趣爱好的人一起行动，而"社恐"是他们找"搭子"的最大阻碍。"搭子"关系是轻盈与稳固并存的结合，近五成年轻人维持过两年以上的"搭子"关系，超八成年轻人曾将"搭子"升级为朋友。

找"搭子"现象的出现，折射出年轻人的社交变化。与亲戚相比，"搭子"更具社交属性；与朋友相比，"搭子"更具工具属性，不需要像朋友一样花费时间、精力去维护关系，也不需要完全真实地参与到彼此的生活里，虽相互陪伴，但互不打扰。这种"搭子式"社交能够降低交往时间、精力和情感成本；同时，它也能让年轻人缓解孤独感，并能从精准陪伴开始，让人在心理上产生亲密感。

"搭子式"的实用型浅社交满足了年轻人既害怕孤独，

又担心过度亲密的情感需要；与"搭子"有共同的追求或兴趣爱好，会让人感觉舒适，并获得一定的归属感，进而找到个人空间和社交连接之间的平衡点；"搭子"又有边界感，满足当代年轻人空间私密和社交无负担的需求。这种没有负担的新型社交也反映出不同时代的年轻人对亲密关系的需求和对抗孤独感的方式发生了改变，也让不少人找到新的赚钱方式。2024年春节期间，一位社交达人在北京组织了两场"搭子"局，仅安排好吃饭和娱乐活动就有了几千元的进账。

为情绪消费买单

为什么爆款影视剧总能带货？为什么热闹的素人直播间也有过亿的销售额？说白了，都是情绪惹的"祸"。

传统经济学认为，人在消费时是理性的，人们会根据自身利益进行理性思考，作出最优选择。然而现实情况是人是有情绪的，许多消费行为都是由情绪驱动，如快乐、悲伤、怀旧、感动等情绪往往会促使人下单。

"情绪"这个词很难在传统经济学教材中被找到，但行为经济学却把情绪作为重要的研究对象。20世纪50年代，哈佛大学心理学博士丹尼尔·戈尔曼在《情商》一书中对"情绪"作了如下定义："情绪意指情感及其独特的思想、心理和生理状态，以及一系列行动的倾向。"丹尼尔·戈尔曼还在书中写道："情绪能力比单纯的认知能力重要两倍。"

《美国国家科学院院刊》的一项研究发现,人类的情绪一共有 27 种,包括欣赏、焦虑、渴望、痛苦、快乐、恐惧、有趣、怀旧、浪漫、悲伤、满足等。这些情绪不仅影响消费,还创造消费。例如,贩卖恐怖情绪的鬼屋、剧本杀馆;制造快乐、有趣、刺激情绪的乐园、游乐场;提供放松、满足情绪的 SPA 馆;释放痛苦、悲伤情绪的心理诊所等。

研究发现,消费者 80% 的购买决策源于"感性的情绪",仅有 20% 的购买决策是基于"理性的逻辑"进行考虑的。1972 年,美国学者托伯在深入研究消费者购物动机后发现,消费者在购物过程中,除购买所需的商品外,消遣娱乐、自我愉悦、感官刺激、体验顾客的地位和权威等皆为消费者购物的原因。

在现代社会,由情绪主导的消费决策包括身份认同、情绪表达、价值取向等多个方面。

父母一代,电视、冰箱、房子、汽车等大件商品是主要消费品。根据马斯洛需求层次理论,传统的物质消费随着经济的飞速发展显然已经不能充分满足大众的需求,越来越多的人还需要通过情绪消费来满足"自我实现"的需求。

在短视频兴盛的时代,"及时满足""获取多巴胺满足"让情绪消费越来越流行。

2023年的热播剧《狂飙》，出圈的除了张颂文饰演的强总，还有《孙子兵法》一书。根据开卷数据，各个版本的《孙子兵法》凭借《狂飙》一路"狂飙"猛进，不仅横扫各大电商平台的热搜榜，还毫无悬念地登上了各大电商平台的图书畅销榜。剧中出现的猪脚面成为热销产品，拍摄取景地江门也成为热门旅行地。单是2023年春节假期，江门就接待游客约255万人次，旅游收入超过14亿元。

2023年春节假期，田园治愈剧《去有风的地方》凭借云南秀美的田园风光、男女主的高颜值和疗愈的剧情赢得年轻人的喜爱。云南也凭借这部剧在2023年春节假期"赢麻了"，这部电视剧不仅带动了旅游业和周边产业的发展，也将鲜花饼、乳扇、炸洋芋、包浆豆腐、烧饵块等本地特色小吃推向全国。

在神经营销学看来，情绪消费一点都不难理解。神经营销学认为，顾客的购买决策由大脑里的神经地图决定。有学者将大脑分为原始大脑和理性大脑两部分。原始大脑负责注意力和情绪，理性大脑负责认知、回忆、记忆力和决策。我们往往误以为决定购买决策的是理性大脑，但事实上大部分购买决策都是由原始大脑主导的。影响原始大脑作出决策的刺激一共有6种，情绪就是其中1种[1]。情绪会在大脑中引发化学作用，直接影响大脑处理和记忆信息的方式，直到大脑作出决策。

---

[1] 出自克里斯托弗·莫林《销售脑科学》一书。

情绪价值就是购买理由

《咬文嚼字》编辑部公布的"2023年十大流行语"中,"情绪价值"位列其中。《咬文嚼字》编辑部对这个词的解释是:

> 情绪价值本为营销学概念,是指顾客感知的情绪收益和情绪成本之间的差值。如今流行的情绪价值则是对人际关系的描述,指的是一个人影响他人情绪的能力。一个人给他人带来舒服、愉悦和稳定的情绪越多,他的情绪价值就越高;反之,他的情绪价值则越低。情绪价值为正,能给人美好感受,激发正面情绪,激励个人成长。情绪价值的流行,反映了现代社会人们对美好生活更高层次的心理需求。

简单来说,情绪价值就是用户为了获得某种"情绪和感受"而愿意支付的价值。

在这个商品过剩的时代,人们需要的不仅是商品的基础功能,还有能给心灵带来慰藉、缓解焦虑、释放压力又或是给日常生活提升幸福感的附加功能,这便是商品的情绪价值。近几年,出现众多现象级消费行为,例如多巴胺消费、购买瑞幸酱香拿铁、支持国货等,都可以窥见年轻一代消费者对情绪价值的重视。

情绪价值的概念来源于经济学和营销学，最初用来解释顾客为什么与企业建立并保持长期互惠关系。研究发现，提升顾客在与企业交往时获得的情绪价值，有助于获得忠诚的顾客。学者们进一步认为：

情绪价值＝情绪收益（积极的情绪体验）－情绪成本（消极的情绪体验）

总的来说，不管什么商品，如果它能在某一刻给你带来积极的情绪体验，让你很"上头"，那么你在购买这个商品时就会觉得物有所值，即使这个商品本身没什么实用价值，甚至在其他人眼中就是典型的"智商税"。

越来越多的人希望通过消费来表达自己的情感和情绪状态。这种情绪价值消费甚至变成了生活刚需。一场音乐会可以表达自己对音乐的热爱和追求；一次精致的露营可以表达自己对松弛生活的向往；一次"特种兵式旅游"也是逃离日复一日的枯燥生活，获得在工作中难以获得的满足感的一种方式……

从"丧"到"疗愈"

曾几何时，"佛系"成为年轻人挂在嘴边的生活哲学。"佛系"青年们主打一个与世无争、"小确丧"、"躺平"的心态。

前几年，人们的集体焦虑掀起一波"丧文化""毒鸡汤"的营销热潮。一时间，带有"丧文化"话语的产品和品牌引来大批年轻人的关注和消费，"丧营销"成了带货密码。

2017年，四川一家知名乳制品企业与新媒体公司联合策划出一款"没希望"酸奶。他们找"长得丧"的代言人和写扎心的文案进行宣传。该款酸奶在朋友圈迅速刷屏。"没希望"酸奶以社群营销方式走向"没希望"人群内心：买房没希望、加薪没希望、脱单没希望，等等。之后该乳制品企业又迅速推出"不熟酸奶"和"扎心酸奶"两个子品牌。"不熟酸奶"和"扎心酸奶"的宣传海报以扎心文案展现出年轻人在日常生活中的尴尬瞬间（图1-4、图1-5）。2017年5月20日，该乳制品企业推出的三款单身狗限量版的"扎心酸奶""揪心酸奶""恶心酸奶"，让该企业成功俘获大批年轻消费者。

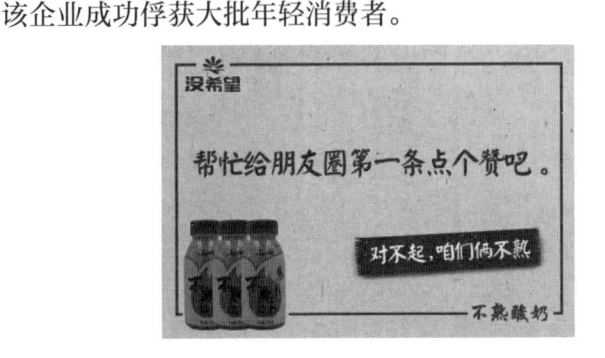

图1-4 "不熟酸奶"的宣传海报
图片来源："试物所"公众号

图1-5 "扎心酸奶"的宣传海报

图片来源:"试物所"公众号

在这波"丧文化"热潮中,最出圈的是名字与"喜茶"仅有一字之差的"丧茶"。2017年,国内首家"丧茶"店在上海开业,从黑白logo、吉祥物到店内装饰、产品包装、文案,处处体现出"丧"的特色。这家奶茶店从不宣传奶茶口味,价格也相对较高,但是单纯的情绪价值就让消费者竞相购买。

有学者认为,以"废柴"等为代表的"丧文化"代表着当代年轻人从习得性无助[1]转变为"自我反讽"[2]。同时,社交媒体的"回音室"效应让人们误以为"丧文化"这股风潮是主流文化。但不可否认,"丧文化"的确是很多年轻人宣泄情绪、减少心理落差的情绪调适方式。谁在

---

[1] 习得性无助:美国心理学家塞利格曼在研究动物行为时提出了"习得性无助"的概念。他认为,当一个人控制特定事件的努力遭受多次失败后,他将停止尝试,并把这种控制失败的感觉泛化到所有情景中。
[2] 杜骏飞:《丧文化:从习得性无助到"自我反讽"》,《编辑之友》.2017年第9期。

战斗了一整天之后，夜深人静时没有想摆烂的瞬间？正如被视为"丧文化"IP之一的《马男波杰克》中的主人公波杰克[1]所说：

"我并不完美，我愤世嫉俗，占有欲强。有时候我还会大发雷霆，我并不是一直都能做得很好，但我想变好，我在努力变好。"

一部分人选择"丧"，另一部分人选择"打鸡血"。2016年被称为知识付费元年。"得到""知乎live""喜马拉雅""微博问答"等知识付费平台一夜爆火。各大报告显示，这一年有知识付费意愿的用户暴涨了3倍，知识付费用户达到近5000万人。

我的一位同事小李是重度知识付费用户。初入社会的小李为了迅速提升自己，曾经一口气买了诸如"如何让自己拿到更好offer""如何做PPT""如何提升演讲能力""如何提升写作能力"等各类课程。小李说："只要看到课程文案里的主人公升职加薪的逆袭经历，我就觉得只要学了这些课程，我也会变得和他们一样优秀。"不过，小李也表示自己花的钱不少，但是真正坚持学完的课程却

---

[1] 《马男波杰克》是一部由拉斐尔·鲍伯·华克斯伯格创作的动画，被誉为奈飞（Netflix）有史以来最好的原创动画系列之一，也被称为一部很沮丧的暗黑动画。《马男波杰克》从2014年开始到2020年结束，其主人公为一只拟人化的马——波杰克。

很少。因为花了钱，所以很想学完，看着账号里的各种职场技巧、演讲写作课，小李反而更焦虑了。曾经，小李每天写学习心得，在朋友圈转发"导师"的文章，近两年却消停了不少。

人们发现在"卷不赢"和"躺不平"之间反复横跳也不是个办法。慢慢地，人们开始追求一种与自己和解，让内心得到片刻平静的消费方式——疗愈消费。

"秋天的第一杯奶茶"、为自己带来好运的"好运喷雾"、一瓶好闻的香氛、在陌生城市"CityWalk"……这些简单却效果良好的疗愈消费备受年轻人的青睐。疗愈是每个生命体的本能，当我们感到焦虑、困惑、抑郁却无法通过自身排解时，借助外部力量成为一种有效的选择。年轻人摆脱孤独、减缓焦虑和寻求心灵温暖是情绪消费、疗愈经济最直接的需求。在信息社会，人们的身份经历着多重裂变。不少在网上"发疯"的人，在日常生活中可能性格孤僻。丰沛的物质生活并没有减轻年轻人内心的孤独感，反而加重了年轻人内心的孤独和焦虑，使他们逐渐失去对生活的掌控感。人们对现有的心理疏导服务缺乏了解或抱有成见，转而去寻求自己喜欢的心理疏导方式——用各式各样的疗愈消费来缓解内心的紧张和焦灼，这便是疗愈经济逐渐兴起的主要原因。

疗愈是情绪消费母题

小梅的新事业

我第一次见小梅时，周围人说她是美容化妆品行业的"大佬"。彼时，小梅正在举办一场声势浩大的时装周，很多明星、美容行业的领军人物参与其中。小梅还利用自己的身份积极推广国货品牌。那些年，小梅不仅被诸多媒体采访报道，同时还参加过由中国妇女报社和华夏银行联合主办的"2003 中国经济女性年度人物评选"活动，荣获"2003 中国经济女性年度人物"的称号。

我与小梅许久未联系，最近忽然在小红书上刷到她，她的账号名称变成了"××上师"。刚开始，我还以为认错了人，认真地看了下账号简介才敢确定真是小梅。小梅剃了个短得不能再短的头发，穿着红色的袈裟，在小红书上大聊禅修。我问了熟悉小梅的朋友，才了解到她早已远离美容化妆品行业，一度痴迷禅修，后来专门成立了禅修中心,为了修行,带着大家满世界寻找灵气充沛的地方。视频中的小梅依然精力旺盛,眼里有光,对着镜头向大家讲述冥想和禅修。据我观察,小梅的禅修事业应该非常红火,我甚至在视频中看到不少明星的身影。

冥想、禅修作为疗愈经济的代表,深受年轻人的喜爱。人们一旦倍感压力或焦虑,就会去清净的地方闭关,这一行为似乎成为新的流行。

从"emoji"表情到各类发疯的表情包,从情绪文字"火星文"到"括号文学",从"发疯文学"到冲击力强的短视频,现代人主打把情绪价值拉满,人们愿意把能带来放松愉悦感的疗愈带入生活的方方面面,其中也包括疗愈消费。

有什么样的消费需求,就会产生什么样的消费产品,情绪的多样性必然导致消费需求和消费产品的多样化,这也解释了为何现在的唤醒服务、"树洞"服务、"发泄减压式"服务等情绪疗愈类消费盛行,这些服务能提供情绪价值,能给人提供积极的心理暗示,能抚慰人心,能满足人们自我疗愈的需要。

> 知识箱

情绪 ABC 理论

如果你在街上被人撞了一下,撞你的人头也不回地跑了。你是不是很生气,觉得这个人很没素质?如果此时旁边经过的人告诉你,他是因为家里有十万火急的事,所以完全没注意到身边有人。此时,你又会觉得,不过就是被撞了一下,其实也没什么。

这体现了一件事情可以因为不同的解释引发情绪变化。这就是美国著名心理学家埃利斯提出的情绪 ABC 理论。

A(Activating event):指诱发性事件,也就是现实生活中能够引发人们情绪的事件。

B(Belief):指人们在遇到诱发性事件后所产生的信念,也就是对问题的解释和评价。

C(Consequence):指人们随之产生的情绪以及与情绪有关的行为后果。

我们无法改变事件本身,但可以改变对事件的看法,从而调整自己的负面情绪。

我们想要获得疗愈,除了转移注意力,转换看问题的方法同样有效。

从"心"出发的疗愈消费

为什么撸猫、撸狗以后嘴唇上扬？

为什么五颜六色的"多巴胺"穿搭会引领潮流？

为什么有人愿意为网上算命或虚拟商品一掷千金？

有人会为了一顿滋滋冒着油香的烧烤奔赴千里之外的淄博；有人为了打卡景点，选择"3天游五岳"的特种兵式旅行；有人喜欢围炉煮茶，逛动物园；有人喜欢从城市"CityWalk"到乡村疗愈消暑；有人会在寺庙虔诚祈祷；有人会在塔罗桌前真诚地发问……无论哪种，都是当下释放情绪的方式。

从某种意义上来说，从"心"出发的疗愈消费不是制造出来的，而是人们对某个触动自己心灵的"点"的一种回应。那些小小的疗愈消费行为里蕴藏着带有疗愈力量的情绪价值，是人们短暂脱离现实、获得片刻宁静的情绪安慰剂，而那些消费行为也被称为"悦己"需求。

我国传统文化在很早之前就有提到情绪与健康的关系。《黄帝内经》有云："心者，五脏六腑之大主也，精神之所舍也。""怒伤肝，喜伤心，忧伤肺，思伤脾，恐伤肾。"更加明确地指出心是产生神志活动的场所。王阳明则认为"乐是心之本体"，快乐就在每个人心中。《传习录》记录了这样一则故事。黄省曾去问王阳明："乐是心的本体，如果遇到重大变故大声哀哭时，这种快乐还在吗?"王阳明回答说:"只有大哭一场才会快乐。虽然看起来是在哭,但心得到了安慰,那就是快乐。"难怪王阳明深受年轻人爱戴,他的理论与当下年轻人通过各种方式达到心灵自愈的做法高度契合。

根据马斯洛需求层次理论(图1-6),国民经济的快速发展让人们的物质水平得到迅速提升,人们转而开始追求生活品质和自我价值,越来越注重自身的情绪和感受。贝恩咨询公司在《影响未来消费的八大经济模式》报告中,专门提到"疗愈悦己经济"模式。贝恩咨询公司认为,身处快节奏发展的社会,人们社交方式和社群结构的变化会带来孤独感、人际疏离和心理问题。人们会积极寻求多种渠道的情感支持,比如,减压消费、替代性情感寄托和多元线下社交,以建立社交连接和获得归属感,从而确保情绪健康。

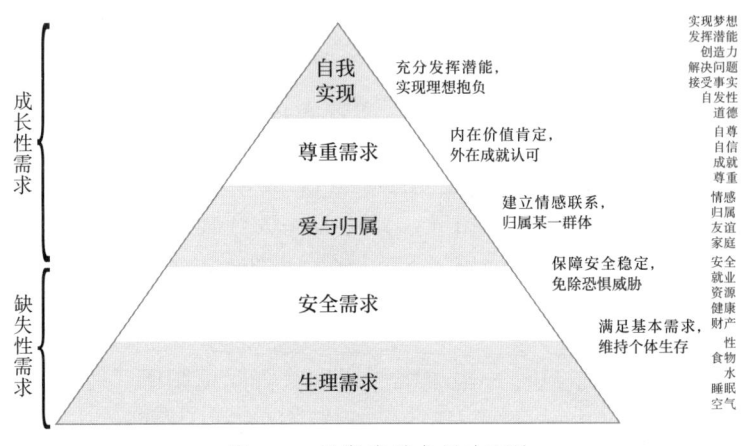

图1-6 马斯洛需求层次理论

进一步看，由情绪消费带动的疗愈经济之所以发展壮大，与宏观层面上的社会条件、经济条件和微观层面上的个人处境、情绪变化密不可分。

一方面，近几年来，社会结构急剧变化、新冠疫情暴发、世界经济增长放缓、世界局势剧烈变化等因素引发相对普遍的焦虑和抑郁情绪危机。

同时，社会经济的快速发展加快了人们的生活节奏，尤其在大城市中，"孤岛"现象、"原子化生存"现象普遍。《中国统计年鉴2022》数据显示，截至2021年，全国15岁以上的单身人口约为2.39亿人。忙碌的生活让这些人无暇社交，只能在网上寻求志同道合的人。信息过载、与人面对面交流的机会减少让他们陷入迷茫，且内心充满孤独感，急需排解各种负面情绪所带来的无尽内耗。

另一方面，社会对成功的评价标准单一，好工作、好房子、好学校让中青年人疲于"内卷"。大家在"卷生卷死"的同时，也希望通过简单的方式消解疲惫，获得暂时的安慰，继续保持对生活的热情。

如果这些内耗情绪靠自身不能排解，那么人们就会向外寻求支持和帮助，寻求心灵疗愈。小小的情绪发泄往往就有疗愈效果，让"脆皮年轻人"[①]在冷漠的都市中保留一方自己的小天地，以此来达到内心的平静。

---

① "脆皮年轻人"是网络用语，指新生代青年群体，虽然年纪轻轻但小毛病却不少，因为一些无意间的动作或外来压力导致身体损伤或心理受伤。

有经济学家认为，20世纪经济发展的核心是生产性增长，大多数公司可以通过降低生产成本来获利。但在21世纪，简单地以价格来吸引消费者已经不能让企业和产品获得差异化竞争优势，消费者需要情绪表达。消费者在购买产品时，并不会单纯以产品功能、特性、品质等使用价值作为评判标准，还要看自己在产品中是否得到情绪价值。因此，与情绪疗愈相关的各类产品更注重人们在消费时的情感体验及人际间的互动。凡是符合消费者的需求、理念、愿望与态度的商品或服务，让消费者产生愉快的、积极的正向情感体验，就能获得喜爱。

懂疗愈的年轻人

大家应该都见过一个面无表情，穿着各色衣服出现的Molly玩偶吧，它是泡泡玛特当家IP之一。这个以成人潮玩起家，把盲盒营销做到极致的品牌早在2020年就已经成功在香港联合交易所上市，市值超千亿，它的成功上市被称为"多巴胺的狂欢"。把"创造潮流，传递美好"作为企业目标的泡泡玛特是疗愈经济中的胜利者。饥饿营销加不确定性所带来的刺激感极大地激发了年轻人的购买欲，让盲盒时至今日依然具有让人"买买买"的魔力。创始人王宁对自己的产品有着清醒认识，他曾说："假设Molly的头拔下来是个U盘，你还会不会买这么多？你肯定不会。"泡泡玛特赋予玩偶情绪价值，比如与中国航天合作推出航天系列玩偶，与《间谍×过家家》合作推出盲盒手办，正是因为产品具有稀缺性和纪念性，让消费者产生了一次性扫货的冲动。

近几年，"盖章式旅行"在年轻人中十分流行。许多旅游城市的知名景点、博物馆，甚至商店都推出了盖章服务。不少旅行者往往为了集齐一枚枚各色印章，在大小街道和商店的角落里穿梭，像当年寻找宝可梦一样，他们会拿出一本神秘的盖章本，上面盖满了各个景点的印章。不知道去哪里盖章也没关系，各种社交媒体上都有盖章攻略（图1-7）。对旅行者来说，这本盖章本比旅行本身带来的快乐还重要。

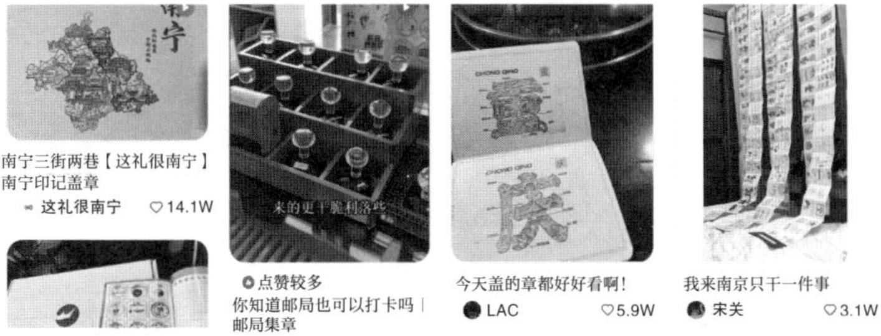

图1-7　盖章攻略

图片来源：小红书

当然，让人摸不着头脑的疗愈商品非"爱因斯坦的脑子"莫属。2023年，淘宝发布"淘宝2023年度十大商品"（图1-8），其中一款虚拟商品赫然在列——"爱因斯坦的脑子"。最神奇的是，这款商品的详情页几乎没有任何介绍，只是在标题中有如下说明：

"爱因斯坦的脑子"。拍下后自动长到你大脑上。买过的都说好用。

图1-8 淘宝2023年度十大商品
图片来源：淘宝

"爱因斯坦的脑子"一年卖出了7万单，爆火之后，月销量能达到3万单。据说购买它的客户包括即将高考的学生、已经上大学的学生，其中不乏北京大学等名校的学生。5毛的定价，销量超过10万单，这个"含金量"不免令人咋舌。购买者还煞有介事地在社群里讨论这款虚拟商品是不是正品、有没有副作用等。仔细想一想，其实这种消费行为与当年我上学那会儿崇拜某位明星不是有异曲同工之处吗？

年轻人的"自愈"方式极其多样，他们的情绪有多波动，在购买商品时就有多冲动。从2021年鸿星尔克的"破产式捐款"到2023年国货品牌的"集体发疯"，情绪消费带动和裹挟消费者创造出一波又一波的销售奇迹。那些能短暂抛弃烦恼的"快乐"、能对抗焦虑的"松弛"、能带来幸福和温暖的"小确幸"、能抚平失落的"治愈和慰藉",都是大家在经济退潮期希望获得的情绪价值。

为什么之前市场上也有不少疗愈消费,却没有形成疗愈经济的规模?除了这一代年轻人对自身情绪更重视外,还因为他们更愿意为多样化的情绪买单。2023年,年轻人的这些细分情绪引发了疗愈消费的热潮。

快乐:与以往世代相比,这一代年轻人更喜欢及时行乐,他们会更珍惜每一个快乐的瞬间。回顾2023年的热门话题——"寺庙旅游""淄博烧烤""刮刮乐""显眼包",都是他们寻找快乐的表现。

热血:好不容易抢到票去看演唱会,是奔赴青春之约的热血;一天逛8个景点的"特种兵式旅游",是不顾一切、挑战身体极限的热血;贵州的"村超"和"村BA",是纯粹的运动竞技所带来的热血。这届年轻人开始为正向的反馈和激励寻找出口。

松弛:松弛感同样被年轻人喜爱。他们逛菜场、动物园,在楼下抱树、晒背都是在身体力行地追求松弛感。

真实:从"断亲"到暴露自己真实的一面。年轻人向往真实的、真诚的人际互动,他们更愿意基于共同的兴趣爱好或目的来交友,从而在关系中实现情绪价值的最大化。

消费有价，疗愈无价

什么是疗愈？

疗愈（Healing）一词最早起源于《圣经》。"Healing"的词源"Haelan"本身就包含"治疗使其健康"的意思。"疗愈"最早是指耶稣展现出的"疗愈"能力使他人的疾病得以痊愈。在精神病学及心理学中，疗愈是指使对象从悲伤等负面情绪中脱离，或是减缓、消除精神病对对象的影响。疗愈与治疗不同，治疗更多是在强调疾病医治，疗愈则更多是在强调心理修复。

疗愈，包含让人感受到内心平和、安宁和舒畅的事物或人，它是抽象且个性化的，一百个人有一百种疗愈方式。如果一阵鸟鸣能缓解人们内心的焦虑，那么它就是疗愈音乐；如果一个不怎么好看的毛绒玩具能在人们孤独的时候让人们感到温暖，那么它就是疗愈玩具；如果一段视频能在人们心情紧张的时候让人们感到放松，那么它就是疗愈视频……总之，万事万物，皆可成为疗愈的载体。

从心理学角度来看，疗愈的价值包括情绪调节、情感支持、情感共鸣、认知调整、激发动力、缓解疲劳等。

> 但觉风过群山，花飞满天，内心安宁明净却又饱满。

疗愈具有情绪调节的作用，能缓解现代人的紧张、焦虑情绪，给人带来舒适、放松的情绪体验。实验发现，享受自然环境、进行户外活动能培养个体的积极情绪，消弭消极情绪；音乐对悲伤情绪有舒缓作用；宠物可以帮助个体减轻焦虑、抑郁等负面情绪。

> 受压抑的心，只要说出实话就会轻松。

疗愈具有情感支持的作用，能让人感受到爱与被爱，与他人产生连接，获得共鸣，觉得自己被支持。例如，在与他人倾诉、聊天的过程中，个体能感受到被理解和接纳，能够获得表达的快感和宣泄的满足感。

> 洗头，化妆，穿上浸满香气的衣裳，即使在没人看见的地方，心中也十分快活。

疗愈具有共情的作用。读"心灵鸡汤"语录或看感人的电影，会让我们不自觉地代入情境，觉得那句话、那个人物和自身的情况很相似，从而获得情感共鸣或"深度共情"。同时，疗愈的心理体验还能让人获得短暂的休息，有种获得支撑和依靠，能够继续走下去的信念感。

> 爱能带来放松、休息和平静。

疗愈具有认知调整的作用。认知调整就是通过调整认知、放松心态、强化信念和动力来应对问题、提高生活质量的方法。疗愈能够让人们暂时跳出当下的压力圈，从积极、正面的角度进行思考，调整内心节奏，从而改变情绪和行动。

我有段时间很喜欢看"打鸡血"的电影，比如威尔·史密斯主演的《当幸福来敲门》，虽然它是一部老片，但常看常新，男主角对生活的热情让想"躺平"的我感受到了疗愈的能量。正如豆瓣上的一篇高赞影评所说："如果能让自己不再为光阴被虚度、才华被耗尽而流泪，如果能让自己坚定，'我不要似是而非的人生，我要自己做的每一件事都刻骨铭心'，那么这场狂热便是得其所，记住这永远不是最差的人生。"

> 毕竟，明天又是另外的一天呢。

疗愈具有激励作用，能唤醒内在动力，激励人们重新振作起来。1936年6月，美国女作家玛格丽特·米切尔发表了自己的处女作——《飘》。该书上市后仅三周就卖出178000册，到1936年末达到了百万销量，玛格丽特·米切尔也于次年获得普利策文学奖。1939年12月，根据《飘》改编的电影《乱世佳人》在亚特兰大的洛斯大剧院首映。

这部被称为"好莱坞第一巨片"的电影以近 4 亿美元（算上通货膨胀率约为 34 亿美元）的票房成为史上最卖座的电影之一。为什么这本书和这部电影能获得如此巨大的成就？这与当时美国的经济有着巨大的关系。经历过经济大萧条后的美国民众需要娱乐，也需要激励自己重新振作的精神力量，而这本书和这部电影恰好满足了当时美国民众的情绪需求。

2021 年，同样创造票房奇迹的电影《你好，李焕英》横空出世。这部戳中不少人泪点的电影从故事情节和拍摄手法来说并不新奇，但它的剧情真诚，既疗愈了导演，也疗愈了观众。豆瓣上，关于这部电影的一篇高赞影评写道："观影是一个创作者通过作品感染观众的过程，无论它是否合乎艺术规律，只要能让观众感动，它就值得那个观众为它叫好……"

> 放松与娱乐，被认为是生活中不可缺少的要素。

无论是体力劳动、脑力劳动，还是情绪劳动，都会给人的身心带来不同程度上的疲劳。不管采用哪种疗愈方式都能够缓解心理疲劳，改变情绪状态，令人身心愉悦。《哈佛大学公开课：幸福课》曾被哈佛学生选为最受欢迎的课程。泰勒·本·沙哈尔教授特别提到疗愈、放松的常用形式——冥想。泰勒·本·沙哈尔教授综合多位学者的研究发现，冥想者很容易感染积极情绪，对痛苦情绪的抵抗力很强。对于身体的疲劳和不适，不要尝试无视和消除，而是抱着关怀之心去关注它，这样才能真正改变自己的感受。

"消费有价，疗愈无价。"消费者的疗愈消费不仅是为自己的快乐买单，还是"悦己"和"心灵按摩"。消费者有自己的疗愈消费喜好，知道自己需要什么，所以不要企图教育和改变他们。做疗愈消费的产品，不是要创造消费，而是要发现需求痛点，并有针对性地推出合适的产品，因为受消费者喜爱的具有疗愈性质的产品和服务往往是情绪价值和消费价值的双向奔赴。

小任务

你有哪些疗愈方式？你知道的疗愈消费有哪些？

第二章

万物皆可疗愈

爱自己是终身浪漫的开始。

——奥斯卡·王尔德

皮皮的解压之旅

"既像是个地地道道的正经人,又像是个不着边际的荒诞派。"这是皮皮对自己的评价。皮皮是一位插画师,也是一位教小朋友画画的老师。赶稿和教学让皮皮经常深夜在朋友圈"发疯"。出去散个心吧,皮皮总是这样想,但却从来没有实现过。

有一天,接连不断的催稿消息和家长信息终于让皮皮决定放下一切出门走走。于是,皮皮下楼在小区草地上搭了个帐篷。草地上不让烧烤,皮皮就点了外卖,坐在帐篷下美美地吃了一餐。吃饱喝足后,皮皮就坐在草地上晒太阳,和邻居家的狗玩了捉迷藏,还在草地上翻了跟斗,好好地抱了抱树。

到了快下班的时间,皮皮收起帐篷,开心地回家了。

"今天旅行了一天,真解压呀!"皮皮发了个朋友圈。

在传统观念中,似乎只有绘画、音乐、冥想、旅行才是疗愈的方式。但在需要疗愈的人的眼中,只要能给自己带来情绪价值,让自己觉得解压和愉悦的,都是疗愈的有效方式,他们都愿意为此买单。在他们眼中,万物皆可疗愈。

凌晨去赶海

大家在失眠的时候会做什么？在某个失眠的晚上，深夜 12 点，我打开了某个视频软件，系统自动推荐了赶海的直播。直播间的画面黑乎乎的，有一盏不太亮的灯，看不见人，只是模模糊糊地看见一双手在沙子里翻来翻去，主播偶尔翻出一只蟹或一条鱼就有欢呼声从直播间里发出。我看了看右上角直播间的在线人数，居然多达 2 万人。

先用勾刀、老虎剪等工具将马蹄外厚厚的污垢组织削除，再用锉刀使其平整，然后用砂轮机打磨马蹄铁，最后安在马蹄上并钉好钉子。这样一条 4 分钟的视频，在抖音上获得点赞数 70 多万，评论数 6.5 万，转发数将近 1 万。从这条视频的数据大致可以估算观看量在百万级别。这个专发修马蹄、钉马掌视频的博主坐拥 80 万粉丝。在某一条视频下面，一个高赞评论是："有没有和我一样经常看修马蹄的女生，我感觉特别解压，看到修得干干净净的马蹄，觉得好舒服。"

拍摄剔年猪过程的视频点赞数达 270 万，拍自己给手机做清洁的视频点赞数达 102 万，拍摄自己玩解压玩具的视频点赞数达31万，录流水声音的视频点赞数达25万……在抖音的搜索栏中输入关键词"解压视频"，就会出现助眠、声控、洗地毯、助眠按摩、剪指甲、捏肥皂等视频。有人把观看洗地毯、修马蹄、滴胶脱模和捏捏开箱视频称为"四大解压娱乐活动"。

"第一次看这类视频，有种莫名的新鲜感，感觉很爽、很解压，之后便爱上观看这类视频。"一位在北京上学的研究生是解压类视频的忠实观众。"看这个很容易上瘾，我本来只打算看个几秒钟，但一不小心就看完了十多分钟的完整版，看完后还忍不住搜了同类视频继续看。"一位深夜睡不着觉的上班族也有类似想法。

按照心理学家理查德·拉扎勒斯的压力与应对模式理论，解压视频可以分为3类：摧毁类、秩序类和慢生活类，分别满足3种不同层次的疗愈需求，见图2-1。

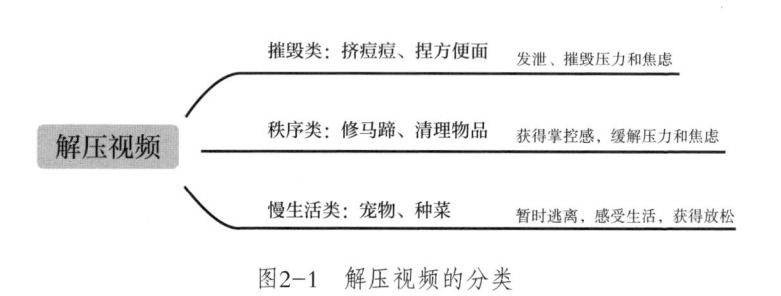

```
              ┌── 摧毁类：挤痘痘、捏方便面      发泄、摧毁压力和焦虑
解压视频 ─────┼── 秩序类：修马蹄、清理物品      获得掌控感，缓解压力和焦虑
              └── 慢生活类：宠物、种菜          暂时逃离，感受生活，获得放松
```

图2-1 解压视频的分类

解压视频的疗愈效果：

情绪释放：摧毁类视频能引起观众强烈的情绪反应，

让观众在潜意识里体验到摧毁压力源的快感，从而释放压力。

获得控制感：观众通过观看修马蹄、洗地毯、整理物品等秩序类视频，能够获得掌控感，从而缓解压力和焦虑。

注意力转移：观看慢生活类视频能获得放空的愉悦，把注意力从日常压力和焦虑中转移出来，让人们暂时忘记自己的烦恼，减轻心理负担，感受生活的宁静。

社交互动：视频的互动效果能为观众提供情感支持，减弱观众的孤独感，增强观众的归属感。观众在观看直播时，这种感受更强烈。

获得满足感：观众将自己的情感投射到视频中，观看他人完成任务或解决问题，相当于自己在心理上也经历了同样的过程，从而获得满足感。

满足自我实现需求：根据马斯洛需求层次理论，人们有自我实现的需求。观看解压视频是人们实现自我放松和自我提升的一种有效方式，满足了人们在精神层面的需求。

变现途径：这类深受人们追捧的解压视频产出快、拍摄手法简单、内容多样，往往靠观众打赏或博主带货来变现。例如，做剔年猪视频的博主，其橱窗里卖的52.8元/件的剔骨刀已售出1.4万件，商品交易总额近74万元。在哔哩哔哩（B站），视频则靠播放量变现，一条几十万播放量的视频能有几百元收入。

香气是一味解药

人类是视觉动物，也是嗅觉动物。

春节前，闺蜜回了成都，我和闺蜜除了逛街、吃饭，还专门空出时间去两人都喜欢的一个品牌店里买香水。从大学毕业开始，我就用香水，不为取悦别人，就是喜欢香水在发丝、耳畔散发出的香味给自身带来的愉悦感。我并不追求所谓的专属香水，就喜欢挑选自己喜欢的香味，根据自己当天的心情来选择香水。

不知从何时起，香味成为许多人生活中不可或缺的一部分。不仅是香水，还有一束花的淡香、一根线香的余香、一点留在衣服上的柔顺剂香味，都能让人心情大好。

日本歌人吉田兼好在《徒然草》中写道："人之心灵何其愚哉！尽管我们明知芬芳只能短暂停留，但当一阵幽香扑鼻而来时，我们的心灵总会欣喜雀跃！"为什么闻到芬芳的味道会让人的心灵欣喜雀跃？

自古以来，花草的芳香就被用来放松解压。芳香疗法[①]（芳疗）被视作历久弥新的自然疗法。在几千年前，埃及人就喜欢用芬芳的花朵来打扮自己。在我国，焚香、熏香也有3000多年的历史。1926年，法国化学家盖得佛斯从临床医疗中发现了芳香精油的作用，并首创"芳香疗法（Aromatherapy）"这一概念。时至今日，在美容行业中，植物精油仍广泛应用于护肤、按摩、冥想等多种项目。第一财经商业数据中心（CBNData）发布的《2021芳疗消费趋势白皮书》指出，在芳疗体验中，81%的消费者想要寻求放松解压。

与香气相关的"嗅觉经济"正在爆发性增长。据欧睿数据预测，到2026年，中国香氛市场的规模有望突破300亿元。香气的疗愈作用得益于其与人类情绪、记忆和生理反应之间的复杂联系。

气味与情绪正相关

知名营销大师马丁·林斯特龙认为，人的情绪有75%是由嗅觉产生的。当眼睛与鼻子同时接触到喜欢的东西时，大脑中的"右内侧额叶眼眶面皮质"部位会产生感到愉快或者可爱的认知。科学研究发现，情绪和气味都作为记忆

---

① 芳香疗法，是指将具有芳香气味的植物，取其具有疗效的香气及其他物质经过提炼、萃取，制成适当的剂型，作用于全身或局部以防止疾病、改善身心不调、促进健康与美容的自然疗法。根据联合国世界卫生组织的认定标准，芳香疗法与中医的针灸疗法、药草疗法一样，都是立足于共同理论上的自然疗法。

储存在海马体中，这意味着大脑同时处理情绪和气味，气味与情绪正相关。当闻到好闻的气味时，我们会感到愉悦、开心；反之，当闻到难闻、恶心的气味时，情绪也会变得焦虑、愤怒。这就不难理解为什么芳香疗法成为人们最熟知的疗愈方法之一了。

香气对身心的影响

香气中的某些挥发性化合物会通过嗅觉神经进入大脑，影响神经递质的释放，血清素、多巴胺和内啡肽等都是重要的神经递质，这些神经递质与情绪调节、压力缓解和疼痛感知相关。同时，某些香气被视为心理暗示，帮助人们集中注意力、减轻焦虑和压力。例如，薰衣草和洋甘菊的香气常被用于促进放松和睡眠，柑橘类的香气则能提神。

去寺庙住几天

现在的年轻人不说自己焦虑，也不说自己压力大，只说自己"emo"了。一个"emo"概括所有：

我"emo"了。

我直接"emo"。

我要"emo"整个世界。

"深夜emo"成为网络热梗。"emo"是emotional的缩写，原指一种情绪化的音乐风格——情感硬核（emotional hardcore）。这种音乐的风格类似朋克，风格特征是敏感、脆弱。在年轻人口中，"emo"已经成为沮丧、忧郁等情绪的标签。

当年轻人开始"emo"，但他们又在都市里找不到缓解情绪的方法时，就开始出入寺庙。从虔诚祈福到"请"各种手串，通过玄学来疗愈自己的情绪。在上进和上班之间，年轻人选择上香，以此来寻找心灵的慰藉，寻找人生的答案。

"不经苦楚，不信神佛。"从北京的雍和宫，到杭州的灵隐寺，再到成都的文殊院、大慈寺，年轻人纷纷把寺庙当作自己的"情绪按摩地"。携程平台的数据显示，2023年以来，寺庙相关景区的门票订单量同比增长310%，其中"90后""00后"几乎占了预定比例的一半。年轻人为了求一串雍和宫里价值200～600元的香灰琉璃手串，他们从早上7点就开始排队，从排队、买手串到开光，整个流程大约需要3小时。因为有的人无法到现场购买手串，所以衍生出代购业务，购买者除了支付手串的费用外，还需额外支付代购费60元左右。

在成都，我在工作日先后去了三座寺庙，在每座寺庙里都能遇到大批虔诚上香的年轻人。即使在青城山上一座不太知名的寺庙里，依然是年轻人多过中老年人。青城山上的这座寺庙的香分为普通香和特制香两种，特制香的做工非常精致，请一束香的价格在300元左右。即使面对如此昂贵的价格，也挡不住年轻人购买特制香，挡不住他们求财、求姻缘的虔诚之心。哪座寺庙灵验，哪座寺庙应该求什么，如何烧香，如何抽签，等等，这些在社交平台上都有教学攻略。

这届年轻人真的是"不问苍天问鬼神"吗？倒也未必。在躺又躺不平、卷又卷不动的困境下，玄学是高效的心理安慰剂和强心针，是实现心理安慰最便捷的手段。把自己的愿望寄托在菩萨身上，至少有了"万一实现了呢"的期待。年轻人用确定性对抗不确定性，用袅袅烟火疗愈自己"emo"的精神世界。

当然，烧香、祈福也不能缓解某些年轻人的焦虑。于是，昔日在中产阶层中流行的禅修成为年轻人短期主题旅行的选择。短期禅修一般是3～7天，住宿地点一般在寺庙。

清晨，禅堂传来有节奏的打板声，这是早课信号。早课一般为一个小时，要求双腿盘起，像僧人一样眼观鼻，鼻观心。吃过斋饭后，多是进行诵经、打太极、对谈、做义工等活动。这里不需要电脑和手机，也没有客户和工作，大家需要的只是慢下来，真正投入当前的禅修中，在看似平静的生活中寻找意义。

我在文殊院体验过一次"绘画禅"活动（图2-2）。参加文殊院的所有活动都需要拼手速，不仅需要抢参加名额，还需要回答一系列问题以期被选中。这次活动是画敦煌某个洞窟的菩萨画像。当天来参加活动的女性占了90%，大多数是年轻人，有的女性甚至带来了自己刚上小学的女

图2-2　文殊院举办的"绘画禅"活动

儿。在四个多小时的绘画体验中,很多像我一样的零基础体验者用毛笔勾勒线条,学着填色,在义工和老师的帮助下完成了画作。不得不说,在喃喃诵经声和淡淡香火味中学绘画,伴随义工和老师的轻柔讲解,真的让我有一种心境平和、淡静闲适的解压感。

  为什么年轻人喜欢去寺庙寻找疗愈?凤凰深调[1]认为,寺庙承担了社会心理支持系统的一部分功能。寺庙提供了一块场地,把解决不了现实生活问题、承受不了负面情绪的年轻人聚集到一起,这里就像心理咨询室一样,为年轻人提供了一个安全空间。一方面,年轻人是为生活中出现的问题寻求解决方法;另一方面,他们是在探寻自己的生命意义。无论哪一种,寺庙就是疗愈的净地。

---

[1] 曹雕:《这届年轻人的伤口,在寺庙里愈合》,https://news.ifeng.com/c/8Px79yPXnLm。

陶白白爆红的背后

如果你还不知道玄学界大名鼎鼎的博主陶白白是谁，那先来了解一下红极一时的"陶白白说"：

陶白白说："被人暖一下就变热，被人冷一下就变冰，白羊座爱憎分明。"

陶白白说："天秤座吃软不吃硬，如果被迫吃硬，那他心里一定一直记得并且很不舒服。"

陶白白说："巨蟹座太爱说反话了，越是离不开你，就越爱说一些气话刺激你。巨蟹座简直是说反话大王。"

陶白白说："别怀疑，你感觉双子座是怎样的人，那双子座就是怎样的人，双子座懒得解释，哪怕你说黑夜里有太阳，双子座都认。"

这位戴着眼镜，长相具有亲和力的陶白白凭借"精准"的星座预测多次登上热搜榜，并且坐拥全网2000多万粉丝。陶白白凭借对十二星座的情感、性格的解析赢得了大批粉丝的拥护，粉丝在社交平台上留言："没有人可以从别人的嘴里了解我，但陶白白可以。""快删掉，我感觉我被看透了。"

玄学博主那么多，为什么陶白白能出圈？仔细看过陶白白的专访、视频和直播就能发现，他并没有用星盘来告诉你精确的答案，而是像情感博主一样，针对情感、情绪、婚恋、家庭等女性更关注的问题输出内容，通过生活化的场景和事例戳中人们渴望被安抚的内心。陶白白的粉丝大部分是年轻女性，他正是通过帮助这些成长中的女性纾解情感压力、解答情感困惑的方式引发广泛的情感共鸣，在短时间内获得大量受众的认同。在陶白白看来，每个星座既有优点也有缺点，他把这些缺点用一种更容易被大家接受，且与个人生活相关的方式表达出来。陶白白这是运用了巴纳姆效应[①]。

除了陶白白这样的星座博主外，还有不少占星师、塔罗师、占卜师和命理师活跃在各大社交平台和各地市集。他们会帮你解答诸如能不能通过考试、能不能拿到offer、能不能和对象修成正果等问题。售卖星座周边、付费咨询服务以及付费课程是他们的收入来源。

尽管各大社交平台都在相关视频下给出了"纯属娱乐、请勿轻信"的提醒，却依然挡不住年轻人对玄学的关注。以塔罗牌为例，抖音上"塔罗牌""塔罗牌测试""塔罗牌教学"等话题的播放量分别达到17.9亿次、29.2亿次和1.1亿次；B站上，不少与塔罗牌相关的视频的点击率超过

---

① 巴纳姆效应是一种心理学现象，指的是人们认为一种笼统的、一般性的人格描述十分准确地揭示了自己的特点，即使这些描述十分模糊和广泛，人们也往往容易接受这些描述，并认为它们反映了真实的自己。

百万，最高的点击率甚至逼近 500 万[1]。

《中国青年报》社会调查中心的一项调查显示，70%的被调查者表示身边喜欢星座文化的人很多，超过 50% 的被调查者表示相信星座主要是想"通过星座了解自己"。中国科学技术协会发布的《第三次中国公众对未知现象的抽样调查报告》显示，每 4 个中国人中，至少有 1 个中国人相信玄学。无论是中式易经、算命，还是西式星盘、占卜。

正如去寺庙烧香一样，星座预测、占卜更多的是带来心理咨询效果。玄学博主们更像"野生"心理咨询师，通过某种媒介对前来求答案的人们进行心理疗愈。正如一位塔罗师说："年轻人带着各种烦恼来求助，比起给他一个答案，我更想让他想得通透一点，像做完一场 SPA 那样舒服。"这些玄学博主的收费标准比心理咨询师便宜，咨询场所和心理咨询室相比，给人的心理压力不会太大，让人们更乐于消费。

这届年轻人是否更迷信？恐怕不是。他们只是希望在疯狂运转的时代车轮下，在"内卷"和"躺平"的选择中寻找以不变应万变的方法。当他们对变化无所适从时，心底深处的焦虑和紧张需要得到一个肯定的答案来缓解。对于他们来说，自己的星座"水逆"或者生肖"犯太岁"远

---

[1] 青翎：《想被"救赎"的年轻人，养活了万亿疗愈经济》，《观潮新消费》2023 年 10 月 11 日。

比自己的能力不足、公司前景不好更容易让人接受。

除了星座，MBTI[①]（迈尔斯—布里格斯类型指标）也成为一个疗愈人们情绪的方法，它可以帮助人们用另一种方式认知自己。无论是I型人格还是E型人格，都能让人们很简单地对号入座。在认知自己的同时，MBTI型人格也成为一种社交货币。以前的年轻人喜欢用星座寻找圈子，现在的年轻人在社交平台上的自我介绍中列出自己的MBTI人格，也能与陌生人迅速建立连接，找到归属感。

[①] MBTI的中文名为迈尔斯—布里格斯类型指标（Myers-Briggs Type Indicator），是由美国作家伊莎贝尔·布里格斯·迈尔斯和她的母亲凯瑟琳·库克·布里格斯共同制定的一种人格类型理论模型。

是喵星人还是汪星人

问了一圈身边的年轻人，几乎人人有宠物。有的是领养的，有的是购买的，还有的是街边捡到的。作为和他们有年龄差距的中年人，聊"铲屎"经验是我和他们拉近社交距离最快的方式。

一位养柯基的邻居说："以前租房的时候，房东不让养，现在有了自己的房子，终于可以养了！虽然晚上 10 点多也要出门遛狗 1 个小时，但是谁能拒绝这么可爱的狗狗呢？"养了两只猫的同事虽然经常加班，但是一想到回家就有两个小可爱和她贴贴，周末还可以把它们带来办公室陪她工作，她就感到很治愈！10 年前，我的家族中曾有远房亲戚开宠物咖啡厅。新冠疫情前，亲戚就已经在老家开了 3 家店，还经常满客。毫无疑问，那些毛茸茸、软绵绵的小猫、小狗已经成为很多人重要的家庭成员。

在中国，高收入、高学历的白领是养宠物的主力人群，他们基于增添情趣、解压、缓解孤独等情感动机来养宠物[1]。单身人群中养宠物的比例也非常高，其中养猫人数已

---

[1] 华西证券：《宠物经济欣欣向荣，产业链迎发展良机》，https://baijiahao.baidu.com/s?id=1752430095604388455&wfr=spider&for=PC。

经超过养狗人数。心理学家认为，现实生活中，饲养宠物有替代性满足亲密关系的效果。与人的相处相比，部分年轻人更喜欢与动物建立亲密关系，他们通过看到其他生物的痛苦、快乐的情感状态，从而产生情感共鸣。因为宠物可以提供安全感、价值感、被关心感、被喜欢感，所以年轻人借这些情感来缓解压力。

此外，人们天生喜爱毛茸茸的动物。美国心理学家哈利·哈洛关于恒河猴的行为发展的实验证明，哪怕没有生存必需的奶源，猴子也会选择和毛茸茸的假猴子建立联系并产生依恋。在抚摸动物和动物互动的过程中，毛茸茸的触感让人感觉温暖，可以让人获得暂时的放松。

除了自己养宠物，还有不少人"云吸宠"。除了传统的猫和狗外，熊猫是宠物界妥妥的顶流。"花花好可爱！""萌兰吃竹子看起来好香！""渝可是宠妹狂魔！"在吃饭时，看熊猫直播成为很多年轻人的新爱好。"女明星"花花一年可为成都带来上亿元的消费收入，曾经是日本上野动物园"园宠"的香香更是一年赚了5亿元。

心理学家认为"云吸宠"是一种新的"拟态宠物依恋"，是人基于社交媒体与宠物间形成的含有网络亲密幻想与认同的新型宠物依恋关系。在网络空间中营造出人与宠物间"不是饲养关系仿若饲养关系"的新型依恋关系。

2022年，中国宠物经济产业规模达4936亿元，同比增长25.2%，预计2025年市场规模将达8114亿元[1]。除了传统的宠物食品、宠物服饰、宠物咖啡店、宠物医疗护理，宠物训练、宠物保险甚至宠物殡葬开始出现。在成都，已有专门为宠物打造的自助餐厅，但目前只对猫和狗开放。此外，不少商场为了吸引客源，成为宠物友好商场，逐渐开放宠物进入；星巴克、喜茶纷纷开设宠物友好门店；麦当劳还推出买套餐送猫包的活动，通过宠物来吸引年轻人。

---

[1] 数据来自《2022—2023年中国宠物产业发展及消费者调研研究报告》。

颂钵成为流行

一座高山的平台上，绿树掩映，阳光正好。

一个六七十岁穿白衣的男士盘腿而坐。在他面前放有大大小小不下 15 只类似铜碗的容器。在潺潺流水的背景音中，他不时拿起钵槌，动作优雅地轻轻敲击不同的容器。随着男士的敲击，容器也发出不同的金属声。

整条视频时长 3 分多钟，点赞数有 2.1 万，标题叫《听钵一次，如睡十年》。

我第一次了解颂钵是小红书的开屏推荐广告给我推送了这条视频。可能是因为我频繁搜索"疗愈"主题，让小红书的推荐机制认为我极其焦虑，需要疗愈吧。

颂钵，原本是佛教的一种乐器，又叫磬，由金、银、铜、铁、锡、铅和汞等金属熔化打磨制成。古印度的苦修僧或者灵修者通常用它来化缘或者净化场地，后来瑜伽又把颂钵用于冥想和休息术。在《西游记》中，唐三藏化缘用的就是唐太宗赐予的紫金钵盂。第二次世界大战后，颂钵进入西方，伴随当时的反主流文化，其逐渐发展成一门独具特色的自然疗法。

午夜时分，颂钵声在年轻人的耳中就是催眠曲，此时段，也是颂钵直播最热门的时段。颂钵师们往往打扮素雅，他们基本不说话，而是手持钵槌，时不时轻敲钵体，让不同的钵发出清越之声，整个过程颇有仪式感。虽然在旁人眼中，颂钵有几分智商税的嫌疑，但它的确属于音乐疗法中的一种。

除了颂钵的敦厚之音，雨声、海浪声、溪流声等多种白噪声也成为助眠和纾解情绪压力的工具。颂钵、白噪声的流行，一方面是疗愈方式多样化的体现，另一方面反映出年轻人的焦虑、紧张引发睡眠障碍成为都市通病。

当然，这些颂钵师并非公益疗愈，去任何一个颂钵直播间，你都能在直播间里的购物车中发现购买颂钵的链接。那些颂钵大小不一，质地各异，价格更是从几十元到数万元不等。它们究竟是因为手工锻造师傅不同，还是所用金属有差异，或是能量不同才导致价格差异如此巨大，大家实在是无从知晓。除了颂钵、钵槌等工具，售卖颂钵培训课程也是颂钵师变现的方式之一。在线下，不少瑜伽室会把瑜伽与冥想、颂钵相结合，以此来提高客单价。

飞盘与露营为何"过气"

运动是疗愈的重要方式之一。心理学家凯利·麦格尼格尔通过大量的科学研究发现，人在运动时大脑会释放出内啡肽，这种物质让人感觉到愉悦、兴奋和满足。这种高级的快感不仅在运动时存在，还会在运动后持续一段时间。同时，运动还会让大脑释放出内源性大麻素，这种物质也会让人感到放松、平静和幸福，帮助人们缓解压力、焦虑和抑郁。运动让大脑释放的第三种物质是脑源性神经营养因子，它能提高人的记忆力、创造力和解决问题的能力。

那么问题来了，哪种运动既不会太累，又让人感觉舒适，还有疗愈效果呢？

对于年轻人来说，既流汗又不过度劳累的轻运动最适合。例如，近两年兴起的飞盘和露营，它们曾被看作最具潜力的疗愈方式。

2022年，飞盘刷屏朋友圈。一到周末，运动装、斜挎在身上的飞盘成为年轻人最时髦的穿搭。他们呼朋引伴，占据公园和体育场的草地，在一抛一接中完成刚刚好的运动量。

飞盘不像足球、篮球那样需要高强度对抗，也没有在健身房健身那样枯燥，是一种非常放松的休闲运动。如果你接住了别人扔出去的飞盘，你就会获得成就感和周围人的鼓励；即使你没接住觉得很沮丧也不要紧，因为你肯定能收获大家的安慰。在这种彼此和谐、轻松的氛围里，年轻人既流了汗，也完成了社交，还得到因运动而分泌的内啡肽所提供的情绪价值。难怪飞盘曾一度成为都市年轻人运动中最受欢迎的项目。

露营是另一项户外运动王者。从 2021 年开始，露营火出圈，并在其后两年迎来了飞速发展。与飞盘单一的运动方式不同，露营根据场地、项目还能细分成不同的露营方式。例如，有的年轻人迷恋精致野餐，有的年轻人喜欢开着露营车在大自然中看星星，还有的年轻人喜欢背着行囊徒步，在深山悬崖边和衣而睡。根据马蜂窝《2022 露营品质研究报告》，2021 年女性在露营人群中占比达到 64%，而在人群年龄分布上，80 后亲子人群和"90 后""00 后"年轻人群占比达到 80% 以上。一线城市到三线城市的 30 岁以上人群是露营装备市场核心人群，他们露营的动机包括亲近自然、放松心情或缓解压力等[1]。

与飞盘相比，露营的商业价值显然更高，因为露营经济的背后就是一条完整的产业链。在网上搜索与露营相关的企业，其中超过 80% 是在新冠疫情期间诞生的，由此可

---

[1] 数据来自《艾瑞观潮系列：文旅行业季度观察》。

以看出，露营也逐渐呈现出了更加多元化的发展方式，其吸引了不同受众群体（图2-3）。

露营衍生的N种方式吸引不同受众群体

用户场景	露营+运动	露营+美食	露营+拍照	露营+休闲放松
人群画像	青春活力女孩儿	精致乐享女性	悦己年轻女孩儿	时尚都市青年
高TGI标签	女性，18~23岁，新一线城市	女性，18~30岁，一线、新一线、二线城市	女性，18~23岁，一线、新一线城市	男性，31~40岁，一线城市
内容关键词	飞盘、体育	烧烤、野餐、美食	出片儿、拍照、旅拍	观星、房车、音乐会、赏花

图2-3 露营衍生的N种方式吸引不同受众群体

数据来源：巨量引擎城市研究院

2023年以后，飞盘和露营的热度骤然下降。这是因为：新冠疫情后，消费者有了更多可以选择的疗愈方式，例如，看演唱会、旅行、找网友"面基"等。

从"特种兵式旅游"到"CityWalk"[①]

新冠疫情后,出行业务全面复苏。2023年,首先引爆网络的是"特种兵式旅游":30小时往返1300公里游6个景点,2天1夜玩转新疆,极限24小时吃遍一个城市,花最少的钱、走最多的路……这么硬核的玩法大概只有精力充沛的年轻人才敢玩。

"特种兵式旅游"与我无缘。2021年,经上海朋友的建议,我倒是围绕武康路、安福路进行了一场小小的"CityWalk",那时还叫逛小马路。2023年夏天,我的同学终于可以回国探亲。在37℃的高温下,两个中年人和满街年轻人一起漫步在玉林的小街,从小酒馆走过,在白夜门前打卡,体验了一把"CityWalk"的乐趣。

与"特种兵式旅游"相比,"CityWalk"的热度更高,参与的难度更低,更容易普及。2023年6月初,小红书关于"CityWalk"的笔记数是27万篇,而到了7月下

---

① CityWalk,是指围绕城市街道随意散步、骑行,与父辈们"轧马路"的消遣活动如出一辙。

旬，这个数字已经暴涨到 47 万。[①] 网友们在社交媒体上分享各个城市的特色"CityWalk"路线，再加上当地政府和旅游从业者的从中帮忙，"CityWalk"迅速成为深度游城市的方式。我的一位程序员朋友表示自己很喜欢用骑车来丈量成都，天府绿道、二环路都留有他的足迹。他说自己喜欢和骑友们并肩骑行，在一段"有限的、自由的、只有自己掌控的"时间里探索全新线路、寻找身体极限，在代码和生活之间找到奇妙的平衡。

根据新红数据，在"CityWalk"热度最高的城市中，北京和上海呈断崖式领先态势。北京的胡同、上海的武康路是当之无愧的网红路线。有网友表示："正阳门下的北京坊古老严肃，三里河则温和宁静。这里有小桥流水，有咖啡店和书店，简直就是'城中的世外桃源'。在这里漫步，仿佛找回了内心的宁静。"在上海，网友表示在逛街时还会顺道去附近的咖啡店、甜品店打卡，享受难得的放空时光。

心理学家表示，"特种兵式旅游"和"CityWalk"兼具接触自然和社交这两种属性。这种说走就走、毫无负担感、花费少的短暂旅行方式又被称为"轻逃离"，它能有效地提升人们的心理弹性，提升人们的掌控感和成就感。

年轻人离开熟悉的环境、脱离熟悉的生活节奏，去探

[①] 林美汕、Yvonne：《小红书 7 年前就有的生活方式，怎么就成了今年顶流？》，https://mp.weixin.qq.com/s/pcV8L29f6VWkydlvvOFgLw。

索城市文化，能够在屏蔽烦恼的同时，拥有新奇的体验。此外，在此过程中年轻人和陌生人接触，可以获得一种恰如其分的关系动力，即我与人交流互动，而不用承受强网络带来的规范、约束，比如保守秘密、强制互惠等。

同时，社交媒体日渐成为年轻人精神和生活的归属。伴随着越来越多的年轻人在社交媒体上记录和呈现生活，实现同圈层共振，圈层效应放大了这些旅行方式的影响力。从线上"种草"到线下体验，他们对或熟悉或陌生的地域进行再生产，赋予这些现实景物新的标签：放松、疗愈。通过挖掘当下的情绪体验、在社交媒体上进行内容输出，年轻人期望得到更多共鸣，从而产生归属感和连接感。

流行的背后是商机。不管是"特种兵式旅游"，还是"CityWalk"，目前都出现了付费行程。精明的店家们也推出盖章服务，把流量引流到自己店铺，例如，广州市荔湾区的咖啡地图、成都的熊猫线路。当然，与"CityWalk"相伴而生的还有跟拍服务，汉服、簪花同样是游玩景点中不可或缺的新创收项目。

去有风的地方

旅行被视为生活的"锚点"。当生活的琐碎日常让大家感到压力很大时,"出逃"到陌生空间成为缓解情绪压力、实现疗愈的方式。除了城市探索,到乡村中感受"小桥、流水、人家"的慢生活也是繁忙都市人"自愈"的方式。

云南一直是一线城市"打工人"心中的"白月光",大理更是慢生活的疗愈圣地。毫不夸张地说,2023年春节期间,我的朋友圈里一半的人都在云南,而这不是个例。据云南省文化和旅游厅统计,2023年春节期间,云南省共接待游客超4500万人次,同比增长244.7%,实现旅游收入384.35亿元,同比增长249.4%,再创假日旅游历史新高。出现这种变化的原因来自一部田园治愈电视剧——《去有风的地方》。

> 这人哪,如果总是低着头,按照自己父母的脚印往前走的话,永远走不出新路来。你得走出一条属于自己的路,

> 但是呢，这条路上可能会充满荆棘，布满坎坷，还会有豺狼虎豹对你虎视眈眈。但没关系啊，也不总会是这样，你也会有幸运的时候，你也会看到鲜花满地，牛羊成群，你也可以策马奔腾，驰骋高歌。
>
> ——《去有风的地方》台词

春节前播出的这部电视剧中除了治愈的自然美景，全剧也满是治愈的台词。与同期播出的《狂飙》中激烈的剧情相比，《去有风的地方》更像一股波澜不惊的涓涓细流，不疾不徐，也不刻意地讨好观众，以自己的节奏和视角，展现出云南美不胜收的风景、淳朴的人际关系，以及生活中的小确幸、小美好。女主人公许红豆带着与病逝闺蜜共同的心愿来到有风小院，与回乡创业的帅气男主人公谢之遥相爱。女主人公的角色设定让忙碌的都市人很有代入感，因为他们和许红豆一样，因为工作被困在不停向前、精准无比的时钟里。很多人追完剧后表示："被治愈了。一定要去云南走走看看。"

这类影视作品被称为"疗愈系影视"，在其他国家早已成为一个专门的种类。比如，日本电影《小森林》，日本电视剧《深夜食堂》《孤独的美食家》，韩国电视剧《海岸村恰恰恰》《我的解放日记》，英国电视剧《德雷尔一家》都是慢生活治愈剧，它们的背后是"逃离与治愈"的主题。这类影视作品与其他影视作品带来的多巴胺效应不同，这类影视作品是让观众把自己代入剧中的角色，暂时忘记自己的现实处境，在剧中得到心灵抚慰。这种心灵抚慰的效果就像《绿野仙踪》里胆小的狮子一样，它求伟大的奥兹给它勇气，奥兹给了它一杯"勇气药水"，但其实就是一杯普通的水，可是这并不妨碍狮子喝完后觉得自己的确变成"狮子王"了。

为了让这种心灵抚慰的效果可以更持久一些，观众开始模仿电视剧中角色的穿搭，去电视剧的拍摄地旅行，购买剧里人物喜欢吃的食物。据飞猪平台统计，《去有风的地方》电视剧开播仅一周，云南相关搜索量暴涨，其中"大理"增长近 2 倍，"沙溪古镇"增长 10 倍多，"凤阳邑"暴涨 50 倍。鲜花饼、乳扇等剧中美食在购物 App 中搜索量连续 7 天持续增长，鲜花饼多次登顶淘宝热搜。剧集开播以来，玫瑰茶、樱桃酒、乳扇、永平黄焖鸡的销量均上涨超过 100%，烧饵块、鲜花饼、包浆豆腐、炸洋芋的销量也有不同程度的上涨。此外，剧中出现的云南木雕、扎染等非遗文创产品的搜索量也迎来了爆发式增长。

《塞尔达传说》的力量

"抑郁症不是我经历过最恐怖的事情,因为我无法用其他事来比拟。我每一天都挣扎在痛苦和焦虑中,却无法挣脱,反而消耗了我的一切:工作、朋友、梦想,它就像一个黑洞,吸去了所有我存在的意义。但是海拉尔恰恰相反。在那里,世界如此明亮,每一片草地都向你射出光芒。在海拉尔,我总能不停地发现新奇的事情,让我的注意力从黑暗中解脱出来。在海拉尔度过的时间里,我可以畅快地呼吸。"

看到这里,有多少人想去海拉尔瞧一瞧?

只要你有一台任天堂就可以。

开头的这段话是一位患有重度抑郁症的网友德里克·巴克在一个国外的游戏评测网站上分享了自己通过《塞尔达传说:荒野之息》的游戏,得到了疗愈的真实经历。他在最后写道:

"《塞尔达传说:荒野之息》对我来说非常重要,它与玩法、画面或任何人的评价无关。海拉尔是我的世外桃源，一个属于我自己的避难所，它用温柔和舒适治愈了我的痛苦与焦虑，用勇气和乐观打破了我的绝望和失败。我在这里沉浸得越久，就越能感受到它的治愈；我越了解'海拉尔'，它教会我的东西就越多。"

世外桃源、避难所、治愈……满满的溢美之词让《塞尔达传说：荒野之息》这款游戏成为很多人心中的游戏之神。有趣的是，它不是一款疗愈类游戏，而是一款由日本任天堂公司开发的角色扮演系列冒险类游戏。因此，它也被游戏玩家戏说"解压游戏不解压，治愈游戏不治愈"，这一款主打冒险的游戏成为心灵的陪伴。

《塞尔达传说》迄今为止已经推出20部作品。2023年，《塞尔达传说：王国之泪》上市三天便创下该系列的最快销售纪录，在全球范围内售出了1000万份。

如果用一句话概述这款游戏的内容，那么就是：一个叫林克的少年在一片叫海拉尔的大陆上，努力升级自己的技能打败魔王，最终拯救公主的故事。看到这里，相信很多人都会发出不屑的嘘声。然而，当你化身为主角林克在海拉尔里开始打怪升级时，你就不会有这种感觉了。与其他冒险类游戏相比，很多喜欢这款游戏的玩家并不是为了拯救公主，他们往往会舍弃传统的晋级方式。更多的玩家是喜欢在游戏里冒险运动的感觉，例如，有的玩家喜欢在游戏里爬山。根据游戏规则的设定，如果林克的耐力值损耗到零，他就会从山壁上掉下来，玩家需要恰到好处地计算体力能不能支撑到山顶。有的玩家表示："当你千辛万苦翻过一座山峰，终于看见山那头的风景时，这种感觉就像在现实中登山一样，这在其他游戏里是从来没有过的感受。"也有玩家压根不在乎什么魔王、公主，只是单纯地沉浸在做厨子的喜悦中，他们用塔邦挞小麦、山羊黄油和鲷鱼做干煎鲷鱼，用螃蟹、禽蛋、海拉鲁米和岩盐做蟹肉蛋炒饭，他们还会在社交媒体上分享自己的食谱，总结料理食谱大全，俨然把自己当成了真的厨神。

这款游戏最大的特点是没有传统游戏那种努力奋斗成为英雄的桎梏，更多的是给玩家提供了探索无限可能的松弛感、陪伴感和在游戏中成长的成就感，这与游戏设计者宫本茂的设计初衷有关。宫本茂是任天堂游戏文化的缔造者，他谈到，这款游戏的灵感来自自己小时候生活的小镇，那里地形丰富，他非常喜欢在小镇上玩探险家的游戏，时常为发现新的竹林和小湖而兴奋不已。根据宫本茂的回忆，最令他激动的记忆是有一次，他意外发现了一个洞穴，并鼓起勇气用自己做的灯笼探索了这个洞穴，他发现那里就像迷宫一般，错综复杂。可是，当宫本茂把这一切告诉自己的父亲时，却被父亲斥责。因为父亲的关系，宫本茂最终放弃成为冒险家的梦想。幸运的是，宫本茂把自己的冒险经历放进了游戏，为虚拟人物注入了现实的"灵魂"，不仅让玩家可以在游戏中放飞自我，还弥补了自己的遗憾。

在虚拟游戏中完成治愈体验当然不止《塞尔达传说》，还有已经实现IP变现的《旅行青蛙》，讲述一只青蛙的旅行故事，玩家只能通过邮寄的方式查看青蛙的旅行见闻和带回来的特产。这款游戏戳中都市人希望回归宁静、慢节奏生活的愿望；《集合啦！动物森友会》让因新冠疫情居家的人们在虚拟世界中体会了走亲访友、创造世界的快感。我身边的朋友几乎都沉迷其中。

随着虚拟现实技术的发展，人们在元宇宙世界中也能实现身心疗愈。

小任务：

当你感到焦虑、抑郁时，你会选择什么方式来放松？这些放松的方式有没有变现的机会？

第三章

站上疗愈经济风口

人们愿意在那些能够解决自己正在直面的烦恼、消除自己当下的不安、忘记自己的不愉快、解决自己的困惑的事物上花费时间和金钱。

——松浦弥太郎

情绪消费催生疗愈经济

这个情人节有点冷

2024 年的情人节正处在春节假期期间，同时这一天也是大年初五，是迎接"财神"的日子。

往常我的朋友圈从早上开始就有各种秀恩爱、秀礼物的场景，今年居然没有！大家一改往常的样子，我的朋友圈里都是一派迎接"财神"的安静、祥和的气氛。直到晚上，一个开花店的朋友在朋友圈发了一个"哭"的表情。我很好奇，往年这个时候她的朋友圈可是非常热闹。一问才知道，她本来打算和往年一样在情人节赚一笔，于是初三就从老家赶回花店开始准备：买花、修整、包装……但没想到情人节这天，她只卖出去 3 束花。

"我是不是应该改行啊？"朋友和我聊天时说，"你看别人张一张嘴去骂恋爱脑，什么成本都没有就能赚几千，而我累死累活却连几十都挣不到！"

看到这样的结果，我也很惊讶，是现在的年轻人不需要鲜花需要金钱，还是他们更愿意把自己的情绪价值放在第一位？无论如何，"情绪"这门生意的确更好做了！

情绪疗愈带动情绪消费

做个小测试，看完下面的文字，说说你的感受。

失败在所难免，允许自己犯错吧！

不要总去记住人生中糟糕的时刻，其实只有你自己会耿耿于怀。

高质量的孤独是意识到自己的唯一性。

只要苟住就有可能再次翻盘。

我接受自己是一个平凡的人，所以我不必事事都做得完美。

如果你觉得心有戚戚焉、说中了自己的心声、从中找到了共鸣，觉得这些文字简直就是自己的互联网"嘴替"，那么恭喜你！这波疗愈消费的热潮就是你的主场。

新冠疫情后，昔日红极一时的"小确丧"营销在这两年已经退潮，反而是小确幸、疗愈、与解压相关的话题逐渐占领社交媒体，与之相随的是"情绪安慰剂"产品大行其道。年轻人不再热衷于"毒鸡汤"，而是趋向于个性化、悦己型的产品和服务。

2016年，一条名为《兰州牛肉面》的视频火爆全网。这条视频的拍摄者李子柒从此出圈，成为"田园疗愈系"

代表。2021年，吉尼斯世界纪录宣布，李子柒以1410万的YouTube订阅量刷新了由她创下的"最多订阅量的YouTube中文频道"的吉尼斯世界纪录称号。《樱桃酒》《兰州牛肉面》《深深扎根在中华土地上，历久弥新的茶文化》……她拍摄出来的传统文化视频不仅火遍神州大地，还在国外收获千万粉丝。作为头部大V，李子柒的商业价值惊人，除了拍摄视频获得的直接收益，她还凭借让人"上头"的田园治愈风，让自己的同名品牌横跨美妆、食品、服装、家居等多个领域。

2021年，一个主要拍摄东北农村日常生活的视频博主"张同学"在抖音上不到两个月迅速涨粉1600万。张同学拍摄的带着几分糙劲的真实、朴实农村生活的视频从抖音火遍各视频平台，网友们认为他的视频极有代入感，看着很减压也很有趣。张同学在爆火时，他一条视频的广告报价要30万元，同时，他在直播时也有不菲的礼物分成。

时间来到2022年7月，你的朋友圈是否被一条名为《回村三天，二舅治好了我的精神内耗》的短视频刷屏过？短短几天，它的观看量和评论数就被都市人刷爆了。网友们称二舅"平凡却高贵"，视频中的文案也被当作金句广为传播。单是在B站上，这一条视频就为UP主"衣戈猜想"带来数万元甚至更多的收入，他的商业广告报价也飙升至单条7万元～15万元。

2022年，新东方直播间因为董宇辉而出圈。这位前新东方老师在直播间不仅凭借情怀卖货卖出了境界，还有他言语间所表达出的诗与远方也成为很多人的精神家园。知乎上曾有人评价董宇辉的出圈："不仅因为他出口成章、朴实自然，更因为他有极强的共情能力，能够直击大家的灵魂深处，带来温暖的治愈。"2024年伊始，董宇辉的个人直播间首秀开播3小时后，直播间的销售额达1.5亿元，点赞数突破12.8亿。

虽然把情绪疗愈当成生意似乎有点不"体面"，但情绪疗愈成为一、二线城市的年轻人的"刚需"是不争的事实。小红书与"疗愈"相关的笔记数量高达百万篇。禅修、瑜伽、颂钵、芳疗、正念、冥想、灵修等新型疗愈方式在社交平台上风生水起，逐渐成为这届年轻人的心头好。在抖音，2023—2024年巨量算数中疗愈话题加起来有几百万的播放量（图3-1）。

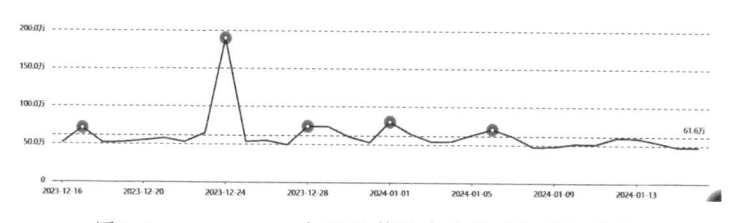

图3-1　2023—2024年巨量算数中疗愈话题的播放量
数据来源：巨量算数

疗愈消费成为爆款说明：在高速发展的快节奏社会，慢生活、主打情绪疗愈的情绪消费是人们所需要的。

是偶然还是必然

营销大师菲利普·科特勒将人的消费者行为分为三个阶段：量的消费阶段、质的消费阶段和感性消费阶段。

第一阶段是量的消费阶段，即人们追逐买得到和买得起的商品。这个阶段与我国消费阶段相对应的时间是1995年以前。第二阶段是质的消费阶段，即人们寻求货真价实、有特色、质量好的商品。这个阶段与我国消费阶段相对应的时间是1996—2010年，当时我国的经济快速发展，人们有了提升生活品质的要求，消费逐渐升级。第三阶段是感性消费阶段，即消费者开始注重购物时的情感体验和归属价值，此时的购物更以个人的喜好作为购买决策标准，对商品"情绪价值"的重视胜过对商品"机能价值"的重视。我国在2010年后出现的个性化、定制化消费大致可以对标感性消费阶段。感性消费即情绪消费、情感消费，在此基础上更进一步，就是以疗愈为导向的情绪消费。

日本社会学家三浦展在研究了日本社会的消费变革后，把日本消费分为四个时代。他在《第四消费时代》一书中写道："到了第三消费时代后期，健康热略微产生了一些变化，人们越来越追求精神层面的健康，也就是所谓的'治愈'。"书中还提及在"第四消费时代"，两代人获得幸福感的方式有了巨大变化："那时（第三消费时代）的人们通过购买自己的房和车来获得幸福，可是现在人们不再能通过这种方式感到幸福了。那么究竟什么是幸福呢？答案大概就像我们所说的'联系'吧。也可以说是'交流'或者'圈子'。"不少学者在谈到我国的消费现状时认为，不少一、二线城市的消费特征与日本的"第四消费时代"的特征类似。

无论是日本、美国还是我国，国民收入和经济现状是消费趋势的重要影响因素。在我国，受收入差异、教育程度等因素的影响，一、二线城市居民和三、四线城市居民在消费上存在一些差异。当前中国社会"第二、第三、第四消费时代"的特征兼而有之[①]。在网上大火的"疗愈消费"大多出现在一、二线城市，符合"第四消费时代"的特征，即处于感性消费阶段；但在三、四线城市，"疗愈消费"尚未形成气候。

一、二线城市覆盖人口3.9亿人，占中国总人口的28%；对应城市人口数2.7亿人，占中国城市人口的33%，这部分人口逐渐从"第三消费时代"向"第四消费时代"过渡[②]。他们因为收入水平较高，消费行为相对超前，更倾向于把钱花在医疗保健、教育文化、娱乐休闲等满足精神需求的服务型消费中，他们表现出来的消费特点比较符合日本"第四消费时代"的特征。三、四线城市的居民

[①] 国泰君安证券：《风云激荡六十年 从日本消费变迁看中国投资机会》，金融界，https://baijiahao.baidu.com/s?Id=1680668366232531338&nfr=spider&for=pc。
[②] 同上。

仍处于品牌化向品质化消费转变的"第三消费时代"。五、六线城市到农村居民仍然有"第二消费时代"的特征，即处于大众化消费阶段，尚未达到个性化消费阶段。同时，无论在几线城市，都存在不同程度的低消费人群。

根据我国的消费特点，以疗愈消费为代表的情绪体验式消费在整个中国并非主流消费，但随着人均国民收入的提高，这种情绪体验式消费会从一、二线城市逐步向三、四线城市甚至五、六线城市及农村进行渗透，未来具有广阔的市场空间。

"Z世代[①]"是疗愈消费主力

Credit Karma相当受美国年轻人的欢迎。2023年，Credit Karma的研究人员在调查美国年轻人的消费行为后发现，新冠疫情期间的情绪化消费是生活的不确定性带来的焦虑造成的。调查显示，58%的"Z世代"和52%的千禧一代[②]认同存在情绪化消费的行为。相较于其他年龄段，他们更能接受通过消费来安抚消极的情绪状态。此外，有54%的受访者发现情绪化消费可以舒缓、改善自己的心情，而53%的受访者则将消费视为一种自我犒赏，49%的受访者表示消费有助于忘却烦恼，42%的受访者认为消费

[①] "Z世代"是一个网络流行语，也指新时代人群，它主要指1995—2009年出生的一代人。
[②] 这里是指美国千禧一代，他们出生于1981—1994年。这代人的成长时期几乎同时和互联网/计算机科学的形成与高速发展时期相吻合。

能够提供即时满足感。值得一提的是，超过一半（54%）的受访者认为，情绪化消费甚至比接受心理治疗更能解决情绪难题。

与美国年轻人的消费习惯类似，疗愈消费同样深受中国年轻人的追捧。马克思说："一个时代的精神是青年代表的精神，一个时代的性格是青年代表的性格。"我国的"Z世代"是在互联网蓬勃发展和科技进步革新中成长起来的一代，他们有着开放、多元的优势，也有着自己的情绪问题。《中国国民心理健康发展报告（2019～2020）》显示，我国18～24岁年龄组的心理健康指数明显低于其他各年龄组。在心理健康知识的需求领域中，选中率最高的是自我调节。

正如三浦展在《第四消费时代》一书中所说："第四消费时代的消费者不是多数群体，他们不是完全被动的消费者，而是更加具有能动性的生产者、发布者、创造者和革新者。他们不会因为企业推荐就去购买某个商品，他们自己创造生活，创造符合当今时代要求的、全新的人与人之间的联系（也就是社会）。"与千禧一代喜欢通过买奢侈品或冲动地"买买买"方式来缓解情绪相比，这届年轻人更喜欢用脑洞大开的消费方式来获得治愈体验。无论是买"爱因斯坦的脑子"、手串，还是选择多巴胺穿搭、"CityWalk"，他们一次次地创造流行，解锁风格多样的疗愈消费方式。"Z世代"身为"互联网世代"，他们在社交媒体上拥有更多的话语权，他们喜欢在网上寻找和自己同频的人，完成社交和情绪共享。同时，互联网也放大了他们的声音，引起了更为广泛的热议，吸引更多的同好效仿。无论何时，年轻人都是不能被忽视的消费群体。年轻人面临的困境、年轻人的消费习惯以及数字技术赋能都能为疗愈消费带来更大的想象空间。

情绪引发的疗愈消费绝不是什么新鲜事，只是在"Z世代"这里，原本的私人情绪被放大，从而引发整个圈层的共鸣。"Z世代"的情绪价值需求获得了更大的彰显空间，由此催生了情绪经济，带动了疗愈消费的狂欢。

"Z世代"对身心健康的关注、理解和处理方式与任何一个世代都不同。飞速发展的数字经济时代让他们的心理压力和焦虑情绪比任何一个世代都严重，他们更倾向于正视自己的焦虑情绪并想办法纾解，而非忽视或压抑。他们在互联网上构建自己的圈层，通过圈层文化找到认同感和归属感，拥有表达自我和排遣情绪的空间。在积极心理学看来，"Z世代"这种维护心理健康的行为是一种自我修复、自我完善的心理自助行为。正因如此，"Z世代"主导的疗愈消费也表现出多维度、多通道的特征。

在心理学领域有一个相对成熟的情绪归类模式——情绪环形模式（图3-2），它把所有情绪用两个维度来归类。一个是情绪的正负取向，即愉快和不愉快；另一个是情绪的强度，即高强度和中等强度。

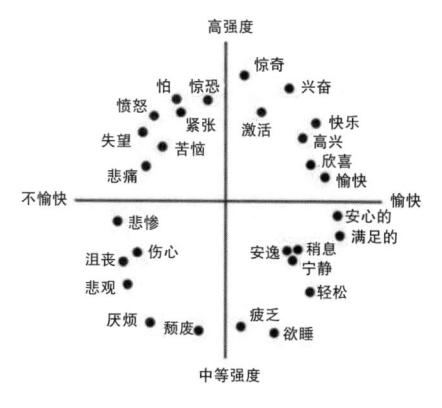

图3-2 情绪环形模式

我们所观察到的疗愈消费的动机基本都可以在这个情绪环形模式中找到对应的区间。有的人偏好追求低强度的正向情绪，而有的人偏好追求高强度的正向情绪。所以，在普世的情绪价值盘上，不同的人能够有多样的消费选择，几乎每种情绪都能找到对应的疗愈消费方式——这与热爱自由、追求个性的"Z世代"的消费观非常契合。

> **知识箱**
>
> ### 近年来在年轻人中出圈的情绪消费
>
> **国潮**：穿着汉服的青年男女在各大景区神态自如地打卡拍照成为日常。事实上，"国潮风"已经兴起了数年。2018年，"中国李宁"在纽约

时装周靠国潮定位迎来了它的高光时刻。2022年，某国际大牌的抄袭事件让中国传统服饰马面裙引起了大众的关注，更让"汉服之都"曹县进入了公众视野。2023年曹县生产的汉服销售额超70亿元。这个数据让大众看到了年轻人的消费力。

解压玩具："这些玩具让小孩子玩有点幼稚，让大人玩刚刚好。"几年前，解压玩具开始在年轻人中流行。"慢回弹"的小黄人、指尖陀螺、"发黑"的香蕉、可爱拼图、各类毛茸茸的小玩偶都是年轻人钟爱的解压玩具。一位做文具的朋友卖过一款解压笔记本，30元左右的价格一天能卖掉几百本，购买人群大多是年轻人。百度指数的用户画像图谱显示，目前关注解压玩具、解压服务的群体主要集中在20~39岁这个年龄区间。

淄博烧烤：2023年初，以"烤炉+小饼+蘸料"为特色的淄博烧烤突然在社交媒体上爆火。2023年3月的第一个周末抖音同城热搜榜上的"大学生组团到淄博吃烧烤"搜索量超过500万。到淄博吃烧烤成为很多人周末出行的理由。大众点评数据显示，2023年3月以来，"淄博烧烤"全平台搜索量同比增长超770%。作为消夜首选，"烧烤"成为当地深夜订单量最高的品类，20岁到30

岁的年轻人是烧烤消费的主力军，占比超50%。

黄桃罐头："有一种童年味道叫黄桃罐头。"二十世纪七八十年代，黄桃罐头是我国北方看望病人的稀罕物。冰凉酸甜的汤汁配上软软的黄桃成为很多孩子的童年回忆。新冠疫情期间，这个几乎被遗忘的食品忽然登上热搜，黄桃罐头被人们一次次地从超市货架上、电商仓库里搬空。京东方便食品排行榜显示，2022年12月，黄桃罐头包揽排行榜前7名，其中某品牌的黄桃罐头在24小时内售出了2万件，有39.2万人买过。

多巴胺穿搭： 2023年的夏天，"多巴胺"一词火爆全网。过去被嘲笑"土"的色彩穿搭终于扬眉吐气，色彩明艳、高饱和度的多巴胺穿搭，让年轻人在整个夏天里闪闪发光。多巴胺本是心情愉悦时人体分泌的激素，是一种神经递质，与奖赏、愉悦和积极情绪有关。用这个名词来命名穿搭风格毫无疑问是借助明媚的颜色寓意把快乐穿在身上，激发多巴胺的释放，从而提升情绪。与多巴胺穿搭相比，秋冬的美拉德穿搭则直接借用烹饪名词，给人以美味、温暖的情绪暗示。

> "尔滨"旅行：2024年伊始，与电视剧《繁花》一起出圈的还有"尔滨"旅行。"南方小土豆"争先恐后到"尔滨"打卡的旅行视频和新闻引爆元旦期间哈尔滨的旅游市场。携程发布的《2024年元旦跨年游旅游洞察》显示，截至2023年12月15日，2024年元旦假期，目的地为哈尔滨的旅游订单量同比增长631%。同样，同程旅行数据显示，2024年元旦期间，哈尔滨旅游热度环比上涨240%，在全国目的地旅游热度榜单中排名第四。

疗愈经济的增长规模惊人

消费升级沿着生存型消费—发展型消费—享受型消费的路径展开。产品的价值逐渐变化升级。最明显的例子就是茅台。也许不是所有人都喜欢喝白酒，但为什么茅台总是供不应求？看看它的股价就知道其中蕴含了多少身份价值和资产价值。再比如年轻人钟爱的一些品牌的球鞋，它不仅能提供很好的运动支撑，还能带来升值的资产价值和满足情绪的价值。因此，从消费主义角度来看，产品价值不仅是本身具备的功能价值，在情绪消费的背景下，还具备资产价值和情绪价值。

> 产品价值＝功能价值＋资产价值＋情绪价值

在情绪消费时代，产品的价值也在与时俱进。几年前，年轻人压力大、心情不好怎么办？买买买！年轻人对工作和前途感到焦虑怎么办？买课学习！此时，年轻人的情绪消费更看重产品本身的功能和资产价值。

到了近两年，年轻人面对压力和焦虑等情绪问题时，不再局限于传统思维，他们把思路打开，治愈方式变得多样。从视频软件、香疗、烧香、星座、宠物、玩具，再到旅行、游戏……他们希望通过某种方式来达到内心的平静和愉悦，虽然让他们焦虑的问题依然存在，但是他们需要的是"不在乎天长地久，只在乎曾经拥有"的即时安慰和补偿。这种即时性冲动消费往往会忽略产品的功能价值，而聚焦产品是否带来积极正面的情绪价值。

在这一消费需求的推动下，疗愈消费的范围逐渐发展壮大。畅销图书从励志成功学变成"拒绝内耗"的心灵鸡汤；从认识自己的普通到与自己和解是新的处世哲学；血型、星座、八字、MBTI，无论哪种都能变成择偶、交友的标签，让年轻人获得心理安慰。除了精神放飞外，去寺院禅修、节假日露营、"CityWalk"通通成为情绪服务，在写字楼坐成"石像"的宅男、宅女向往户外打卡，想在社交媒体上留下自己的高光时刻，以此支撑自己接下来单调、琐碎的生活。

有需求就有商业。在中青年群体开始主动寻找情绪疗愈出口的同时，有眼光的商家也从中发现商机，以产品、服务、体验平台和科技工具开始逐步开发这个潜力巨大的市场，最终形成疗愈经济的富矿。

打开企查查，截至2024年7月，企业名称、经营范围、产品服务、商标与"疗愈"相关的企业达到1000多家，与"解压"相关的企业有1000多家，与"治愈"相关的企业也有200多家，其中不少都是在2022年、2023年新注册的企业。

2023年是新冠疫情后的复苏年，这一年不仅是经济的复苏，还是情绪的复苏。压力对应的是解压，焦虑对应的是松弛。它们都给疗愈经济带来潜在商机。2023年，人们期待的"报复性消费"没有出现，花小钱来悦己的情绪消费比例倒是大幅提升。英敏特在《2023中国消费者趋势：疗愈之年》中提到，从长远来看，除了个人生活必需品，健康、家居用品和休闲方面的支出也将获得更多关注。消费者希望拥抱更具松弛感的生活方式，从紧张的形势中缓慢地恢复。一份名为《全球健康经济：超越新冠病毒》的报告预测，全球疗愈经济将以每年约10%的速度增长，到2025年，疗愈经济的市场规模将达到7万亿美元。"心"经济，未来可期。

消费升级孕育巨大市场

露露乐蒙（lululemon）：从瑜伽服到生活方式

前几年，北上广深的白领的新时尚穿搭是穿着露露乐蒙的瑜伽裤去上班，即使她们并不练瑜伽。露露乐蒙短袖的价格为500元，瑜伽裤的价格则为上千元，这个来自加拿大的网红品牌在短短二十年间已经超越了阿迪达斯（Adidas），成为市值排名第二的运动鞋服品牌。

露露乐蒙创始人奇普·威尔逊本来经营滑雪设备，由于经营不善，他最终卖掉了公司。"歇业在家"期间，他开始练瑜伽，在接触瑜伽运动后，他发现当时的女性没有专门的瑜伽服，穿其他服装练瑜伽会有闷气、不合身、暴露隐私等问题。于是，奇普·威尔逊发挥专长，利用为女性滑雪运动员做内衣的面料，开发出可快速排汗、透气的黑色弹力瑜伽裤。自此，奇普·威尔逊踏上了为女性设计舒适的瑜伽服的道路。

可以说，露露乐蒙成功的一半归功于消费升级。

露露乐蒙崛起的时代，正处于瑜伽运动的兴起、美国女性健身运动市场与居家运动飞速发展的时期，奇普·威尔逊稳稳地抓住了新的市场机会，运用独到的营销策略让露露乐蒙迅速崛起。露露乐蒙在中国的快速发展与新冠疫情居家期的人们的健身需求有关，瑜伽作为没有场地要求的运动得到了人们的青睐。截至2023年底，露露乐蒙在中国已经有一百多家门店，中国也成为其在全球增长最快的地区。

其实，我国本土也有抓住新需求而快速成长起来的疗愈品牌，例如，主打无尺码内衣的ubras，凭借一把小黑伞成为防晒界"扛把子"的蕉下。在追求舒适、轻松、疗愈的氛围下，相信还有很多疗愈新品牌正在成长路上狂奔。

风靡全球的疗愈经济

科技大佬们似乎对"冥想"情有独钟。苹果公司创始人乔布斯就深受禅文化的影响。在大学期间，乔布斯就已经开始接触冥想，并数次前往印度、日本学习禅宗，他曾公开表示自己持续冥想超过30年。乔布斯的继任者库克也曾在接受采访时表示，自己会通过冥想来感受自然，缓解压力。"ChatGPT之父"山姆·阿尔特曼在一档播客中分享了自己的冥想经验，以及诉说冥想如何改变了他的决策方式。

在抖音海外版——TikTok上，关于心理健康话题的浏览量已经超过了百亿次，人们在这里倾诉自己的故事，分享缓解精神压力的方法和经验。2023年3月，一本名为《阴影工作日志：拥抱并超越你的阴影自我》（*The Shadow Work Journal: A Guide to Integrate and Transcend your Shadows*）的书在TikTok小店近一个月狂卖4.67万本，预估销售收入88.53万美元，相关标签获得近6亿浏览量，成为首本在TikTok小店热销的书籍。从名字就能发现，这是一本心理自助类图书。

日本在发展疗愈经济方面作出了显著贡献。20世纪90年代，正处于日本泡沫经济中的青年陷入了经济压力与自我迷茫的双重困境，他们渴望通过稳定与舒缓的方式来纾解和安抚内心的惶恐与不安，"疗愈文化"应运而生。这种能够使人感到身心舒适和放松的疗愈文化，包含优美的自然风光、可口的美食佳肴、理想的生活方式以及和谐的人际关系等生活愿景，这些美好愿景给孤独、迷茫、无助、彷徨中的青年带来了希望，增强了他们对生活的掌控感，是他们自我修复身心的重要方式。

1998年，日本知名作曲家坂本龙一为第一三共制药集团旗下的保健药品制作了一首广告单曲——《能量流》（*Energy Flow*），该单曲所属专辑在日本突破了百万销量大关。《日经产业新闻》评论，《能量流》这首单曲充满治愈的力量，所以得到因长期经济低迷而身心疲惫的人们的共鸣。1999年，"治愈"一词入选日本"流行语大赏"。

能量流这个词语来自瑜伽，本身就有疗愈和心灵的意思。继《能量流》之后，以新世纪音乐（New Age）为代表的疗愈音乐在全世界盛行。新世纪音乐并不特指某种音乐类型，而是泛指祥和的、具有神秘和疗愈性质的音乐。在我上学那会儿，班上女生人手一盒《神秘园》磁带，它也伴随我度过了很多大考前的难熬岁月。

学者童民在《疗愈经济在日本》一文中把日本的疗愈经济分为娱乐疗愈、商品疗愈、媒体疗愈三大类。娱乐疗愈包括居酒屋、卡拉OK与柏青哥（钢珠游戏），它们是三大支柱产业；商品疗愈包括卡通漫画、主题乐园及陪伴型宠物、玩具等；媒体疗愈包括流行音乐、演艺人员、电影、电视、文学小说、广告等。

时至今日，除了我们熟悉的卡拉OK、疗愈IP、音乐和影视作品，日本的疗愈经济也呈现出多样化的发展趋势。《日经潮流》是一本反映日本流行趋势的杂志，它每年都会统计当年最佳热门产品前30名。例如，2021年，一款名为《赛马娘Pretty Derby》的手游名列热门产品第二，自发行以来截至2023年3月，其累计收入超过20亿日元。2022年，获得热门产品第二名的是卡通人物吉伊卡哇（日文名为小可爱的意思），它是日本漫画家创作的漫画作品中的主角。

日本人同样钟爱园艺、务农、去寺庙参加"扫除早课",这些都是都市人钟爱的疗愈方式。日本NHK电视台报道,有位上班族大叔每周都会早起一天,去扫完寺院再去上班,据说这样做可以"重获能量"。

新冠疫情后,全球都在经历由全球多重危机引发的复合性集体创伤。安永发布的《未来消费者指数》第九期报告显示,受新冠疫情带来的经济不确定性和通货膨胀的影响,52%的全球受访者表示消费能力有所下降。在2023年世界经济论坛上,世界卫生组织总干事特沃德罗斯·阿达诺姆博士表示:"估计抑郁症和焦虑症每年造成120亿个工作日损失,每年全球经济损失总额约1万亿美元。"

正是大环境与个人原因叠加导致的情绪危机,让全球消费者即使面临各方面的不确定性和财务紧张,也将心理健康和情绪健康作为一项必要的支出,从而使疗愈消费和疗愈经济呈爆发性增长。

疗愈经济的本质

日本知名导演北野武出生于1947年,当时日本正处于"第二消费时代"。如今已经70多岁的北野武对当下的日本年轻人感到非常不理解,他说:"现在的年轻人看到法拉利从旁边经过也不理不睬,只知道去热门拉面店前排队,却打死都不敢说自己哪天会喝最高级的罗曼尼·康帝葡萄酒;只知道去抢什么优衣库,却对名牌服饰没什么兴趣。"

北野武所评价的日本年轻人被称为"宽松世代①",他们是"第四消费时代"的主力。

中国的家长与北野武一样,他们不明白自己的孩子为什么有问题却不跟身边的亲朋好友说,却乐于在网上向陌生人倾诉;为什么不买奢侈品,却为禅修一掷千金;为什么不找个对象好好相处,却成天遛狗、逗猫。

心理学有个专业术语叫情绪型消费,它带有一定的消极色彩,是指冲动购买,非理智地在瞬间作出购买某种商品的消费行为。让年轻人乐于买单的情绪消费有冲动购买的成分,例如,对鸿星尔克的"捐款式"消费、在国货直播间的"扫货式"野性消费,但绝大多数都是年轻人为了舒缓压力而进行的消费行为,这往往带有激发快乐、抚慰心灵、促进身心愉悦的作用。有些疗愈消费不一定是即时的,如冥想、香氛、绘画等,像这类型的疗愈消费还可能会发展成兴趣爱好。如果消费者在这些消费中持续得到正反馈,往往会反复投入时间和金钱,此时的疗愈消费就是一种正向消费。

商业本质上就是疗愈消费。疗愈消费的兴起在很大程度上来源于消费者在生活中感受到的"自我威胁②",例如,求职不顺、考试不利、没有过上自己喜欢的生活,等等。这种消极情绪需要通过其他方法来缓解。

---

① "宽松世代"是日本人发明的词语,指 1987 年以后出生的小孩。
② 自我威胁,是指来自外界的某些信息或特定的情景暗示个体在某些方面存在不足时,个体所感受到的令人厌恶的心理状态。

心理学家托里·希金斯将人的自我概念分为现实自我、理想自我与应该自我。当应该自我（我应该是什么样子）、理想自我（我希望是什么样子）与现实自我（我实际的样子）产生差距时，就会让人产生焦虑情绪。例如，化妆、美颜相机的产生都来源于人们的外貌焦虑。有学者进一步研究发现，在西方文化中，当个体的现实自我没有达到理想的自我标准时，个体更容易产生抑郁情绪；而在东方文化中，个体则更容易产生焦虑情绪。在这种抑郁情绪或焦虑情绪下，不少人会选择自我提升型消费。自我提升包括提升个人的外貌、气质、学识、某项技能或能力、身体健康水平等。因此，无论是"买买买"、自我增值学习还是疗愈消费，从本质上来说都是补偿性消费行为。

与购物和购买学习课程相比，疗愈消费更多是和解性消费，选择这种消费方式的人希望短暂忘掉现实的残酷，达到身心自洽。有学者表示，在不确定的现实环境下，人们会选择与确定的事物建立联系来消解焦虑，增加掌控感。例如，游戏被视为逃避现实，让自己成为上帝的一种方式，各类怀旧的国潮、国学都是与过去确定的事物建立联系。所以疗愈经济有两个重点：一是逃避现实，二是带来确定性和掌控感。

一方面，疗愈经济提供的是一种精神需求和情绪价值，它是以消费者的情绪痛点为核心的经济模式。从此意义上来说，疗愈经济就是在产品供给、场景体验、营销方式上以消费者的心理需求为出发点，与消费者建立情感连接，提升消费者身心灵体验的消费形式。从长远来看，疗愈经济的持久发展需要更精准对接消费者的需求，持续地输出能带来疗愈效果的产品和服务，培育疗愈消费市场新的增长点。

另一方面，疗愈经济是当代中国经济社会迅速发展过程中，中青年群体自我意识觉醒的产物。中青年在不确定的外部环境中开始重新定位和思考自我。他们急需某种内在或外在的产品、服务来满足自身情绪调节、情感补足、发展认知需要以及对美好生活的向往，通过某种体验，在不确定的世界中获得安全感，寻求内心的平静与安慰。通俗地说，就是花钱买高兴。在物质极大丰富的背景下，消费者更愿意为自己的兴趣、情绪买单，这是一种更感性、更自我、更个性化的消费模式，也是消费形态向更高阶演进的表现。

疗愈产业"涨"势喜人

近些年，疗愈经济快速成长、渐兴规模。全球健康研究所发布的《全球健康经济》报告中提到，2022年，中国疗愈市场规模达到52.6亿元，2025年将翻倍，预计达到104.1亿元，年复合增长率将达到34.5%。从情绪消费到疗愈经济，新的市场折射出社会和消费者的新变化。正如其他国家和地区一样，现代社会，人们倾听内心的声音，关注身心灵平衡，缓解心理焦虑等情绪问题是时代发展的必然，而在其中孕育着一个巨大的产业市场。

2000年以后，全球化与互联网让"疗愈气息"在全世界范围内弥漫，中国也未能"幸免"，"疗愈系"文化在国内迅速流行。例如，《龙猫》《夏目友人帐》《凉宫春日的忧郁》等日本动漫开始在年轻人中风靡，《深夜食堂》《小森林》《忠犬八公的故事》等影视作品，以及《瓦尔登湖》《芒果街上的小屋》《解忧杂货店》等图书都在国内收获一大批忠实粉丝。无论以哪种形式呈现，它们的核心只有一个——心灵疗愈。

从引进到原创，从文化作品到全方位涉及，近几年，我国的疗愈产品呈井喷式发展。例如，《浮生六记》《云边有个小卖部》等文学作品，《爸爸去哪儿》《向往的生活》等综艺节目，白噪声，生活vlog（视频记录），旅行日记，飞盘，露营，健身团课，再到《旅行青蛙》《羊了个羊》等游戏，还有相声、喜剧、LiveHouse（小型现场演出）、脱口秀，各类现象级爆款产品持续刷屏，让疗愈产品成为中青年群体摆脱集体焦虑与困境的出口，哪怕是一点点的心理慰藉都能成为被逼到墙角的人们的快乐源泉。这些疗愈产品以某种与忙碌生活截然相反的生活方式为卖点，让人们感受到压力生活之外的另一种可能，唤醒被工业文明和技术文明所裹挟住的情感共鸣和文化认同。

疗愈产业和疗愈经济的发展，与国家的宏观政策方向统一。党的十九大报告指出，"我国社会主要矛盾已经转化为人民日益增长的美好生活需要和不平衡不充分的发展之间的矛盾"。人们希望解压、减轻焦虑、获得情绪价值等需求推动了疗愈经济的发展，各类疗愈产品和服务层出不穷。在社交媒体的加持下，疗愈经济"涨"势喜人，新的疗愈产业如旅游、露营、心理咨询、解压玩具、芳疗等蓬勃发展，各家品牌也希望可以搭上疗愈这波红利实现更好的发展。

尤其是在 2022 年后，人们累积的焦虑情绪和抑郁情绪大爆发，疗愈产业顺势而起，疗愈经济呈现欣欣向荣之势。

知萌咨询机构发布的《2022 中国消费趋势报告》指出，消费者更加关注"向内探索"，他们正在以追求外在的符号为目标，走向深度的"向内探索"。天猫新生活研究所表示，2022 年，单是解压类玩具的销售量整体增速近 40%。在淘宝上搜索"解压玩具""解压神器"等关键词，相关商品超过 2 万件。美团基于对线下解压类消费数据的洞察分析，发布了"2022 十大解压新业态"，根据数据得出，射箭、LiveHouse、撸宠等新业态的搜索热度增长均超过 70%。

2023 年被称为"疗愈之年"，各种疗愈关键词从年头火到年尾。除了前面说过的"特种兵式旅游"、淄博烧烤、露营、寺庙、"CityWalk"、脑洞商品，这一年也是演唱会扎堆、主题公园创新发展、怀旧风大行其道的一年。

艾瑞咨询发布的《2023中国演出票务行业研究报告》显示，2023年前三季度，全国演出市场强劲复苏，实现票房收入315.40亿元，相较2019年同期增幅达84.2%，并且已超过2019年全年票房收入200.41亿元。"唱歌给伍佰听""租阳台看演唱会"等话题常挂各大平台2023年热搜榜。虽然有的年轻人为了看演唱会成了"空中飞人"，但是他们不觉得累，反而从中找到乐趣。

2022年，自贡灯会让自贡这个西南小城一夜成名。2023年，自贡彩灯在国内布展212个，海外灯展达90个，点亮了19个国家和地区的71座城市。2024年春节，自贡灯会不仅人流量巨大，还带动了周边食宿的消费。自贡彩灯已经成为中华文化、巴蜀文化"走出去"的亮丽名片。

近两年最火的疗愈产业还有主题公园。以迪士尼为例，尽管上海迪士尼和香港迪士尼的门票价格接连上涨，但是游客人数和园内消费仍有所增加。此外，成都顶流花花所在的熊猫基地也从年头火到年尾，在2024年春节假期，更是吸引了22.4万人前来参观。

"小情绪，大生意"。伴随疗愈赛道细化和互联网"疗愈"声浪走强，疗愈产业拥有光明的未来是不争的事实。不仅是挖掘疗愈产业，还有把握消费者情绪新动向并将它们融进品牌，是企业更需要思考的方向。

疗愈经济细分赛道

疗愈是个框，什么都能往里装。疗愈经济源于人的心理、情绪、健康等内在需求，复杂的情绪必然导致业态分散且复杂。从各类疗愈视频，到新兴的簇绒手作、阳台种菜，再到满足口腹之"愈"的安慰食品，消费者的自我疗愈需求激发出疗愈产业的活力。根据疗愈经济的特点，以身心灵疗愈为目的的疗愈经济，应该如何划分赛道，大家的意见并不统一。

有研究者认为，可以根据人的感官将疗愈行业分为眼、耳、鼻、舌、身、意，分别对应绘画、音钵、精油、品酒、舞动、冥想等领域。

根据身心灵疗愈，可以把疗愈经济分为艺术疗愈、酒旅疗愈、意识类疗愈、美容休闲疗愈、五感疗愈和宠物疗愈。

艺术疗愈：也被称为艺术治疗。艺术疗愈师帮助参与者在自我表达的过程中，在制作艺术作品中理解情感冲突、增加自我意识、管理行为、减压、培养社交技巧及增强自尊心。

酒旅疗愈：通过在旅行中探索自然风光，实现身心放松，同时通过酒店场景设计来达到身心放松、疗愈的效果。

意识类疗愈：通过冥想、颂钵、催眠、塔罗、命理、心理治疗等方式来帮助自己进行心理"按摩"，缓解心理焦虑，调节情绪。

美容休闲疗愈：美容、瑜伽、芳疗都是传统的疗愈产业，在这波疗愈经济的热潮中，传统行业也开始引入更多的疗愈项目，例如，通过颂钵、正念、冥想等来满足顾客的减压需求。

五感疗愈：为所有疗愈场景提供具体的服务，通过视觉、听觉、味觉和嗅觉和触觉来达到疗愈效果。常见的精油、香薰、颂钵、水晶等都是常用工具。

宠物疗愈：与宠物相关的产业也在逐渐扩展，包括繁殖、食品、医疗、休闲娱乐、用品、托运、培训、丧葬等上下游行业。

有的人以疗愈目的来划分消费。例如，通过脑力锻炼和体力锻炼来释放压力的减压型消费；以购物为主的慰藉性消费；以排解孤独，提高自我意识为主的孤独型消费；用小期待、小确幸为生活添彩的惊喜型消费。

还有的人以情绪消费的目的和方式来进行分类，例如，心灵慰藉型、情景烘托型、自我慰藉型、体验慰藉型、休闲慰藉型、运动慰藉型等6类。

心灵慰藉型：包括音乐、绘画、电影、小说、杂志等。

情景烘托型：包括制造放松氛围的蜡烛、香氛、熏香等。

自我慰藉型：包括各种零食、饮料等满足口腹之"愈"的食物。

体验慰藉型：通过特定的活动或场景设计，制造既独特又刺激的体验，让人们的情绪在紧张又刺激的运动或活动体验中得到宣泄。比如，密室逃脱、"剧本杀"、极限挑战等。

休闲慰藉型：包括放松身心的度假村、疗愈酒店以及疗愈民宿等。

运动慰藉型：一种是瑜伽、普拉提等舒缓型的运动，另一种是蹦极、攀岩等刺激型的极限运动。

我更倾向以心理学家关于情绪调节的分类来划分疗愈经济的赛道。

有心理学家把情绪调节分为两种：一种是以问题为中心。个体通过问题解决策略，试图改变情景或去除引起紧张的威胁，如重新定义问题，考虑替代解决方案，衡量不同选择的重要性等。另一种是以情绪为中心。个体为了降低情绪压力采用行为或认知调节策略，如行动上回避，转移注意力，换个角度看问题等。从此意义上，不妨将疗愈经济的赛道分为以下 6 类。

心理咨询和泛心理咨询。它是指运用心理学的方法,为在心理适应方面出现问题并希望解决问题的求询者提供心理援助的赛道。求询者通过心理咨询师,帮助他们理解为什么会有现在的感受、触发焦虑的原因以及如何改变应对等,以此来达到疗愈效果。

人际互动。人的本质是一切社会关系的总和,社会性是人的根本属性。当代人缺乏人际交流又渴望人际互动,他们可以通过线上、线下的方式交流,例如,做慈善、禅修等获得疗愈体验。

宠物疗愈。研究表明,宠物的互动与陪伴能给人的身心健康带来积极影响,提供补充性的人际支持,例如,放松身心、增强免疫系统功能、减少抑郁和孤独感、提高幸福感和抗压能力,等等。人通过与宠物互动,能让自身感受到情感慰藉和信任保护,从而得到心理满足。

自然疗愈。自然环境一般都属于复愈性环境[①]。与城市环境相比,天空、海洋、森林等自然环境更具复愈性,具有缓解压力、调节情绪、改善注意力的恢复作用。自然疗愈包括旅行、露营等。

理想生活。处在喜欢的生活方式下,能够让人身心满足,获得疗愈体验。在独立的个人空间中,发展兴趣爱好,如冥想、绘画、音乐、做手工等,都能获得舒适、放松的

---

① 复愈性环境,是指能够对人类不断消耗的身心资源和能力有恢复与更新效果的环境。

情绪体验。

疗愈文化。疗愈音乐能愉悦人的身心，能给人带来放松体验；疗愈影视能给人带来沉浸感，引起大家的共鸣，让大家重燃对生活的希望；疗愈动漫以温暖、真诚的情节打动观众，能给人带来温暖和感动。

疗愈消费来源于情绪，疗愈经济则需要落地到产品和服务，目前正念、冥想、艺术疗愈、美容健康等领域都已经形成独立、成熟的产业链。除了这些相对成熟的赛道，疗愈经济的商业想象空间还需深挖细分，营造更深层、更细分的场景，并通过产品与服务落地。总之，无论哪条赛道，疗愈经济未来的趋势都是从热门赛道转向小众赛道。

疗愈经济未来的趋势

在我国，疗愈经济属于新生经济模式，很多人担心它是否会像一阵风一样，热度过后会消失不见。预测疗愈经济的未来，要先从大家的心理状态入手。

在未来很长一段时间，你觉得自己的压力和焦虑会不会完全消失或者有很大程度的缓解？贝恩咨询公司在《影响未来消费的八大经济模式》中，特别把"纾解孤独、释放自我的疗愈悦己经济"视为具有增长潜力的八大经济模式之一。贝恩咨询公司认为，未来十余年，这种疗愈悦己经济有较大潜力成为未来核心的消费趋势。

在未来，疗愈经济盛行的原因如下。一是需求推动。

消费者对于缓解压力、减轻焦虑、获取情感支持的需求推动了健康、养生、休闲等相关产业的发展，极大丰富了减压类、陪伴关怀类产品。二是环境影响。人们身处快节奏发展的社会，大家的社交方式和社群结构改变，相继萌发了孤独感、人际疏离等心理健康问题。为了"攻克"这些问题，人们积极通过"搭子"社交、交友App、兴趣圈子等多种渠道获得情感支持，建立社交连接和获得归属感，从而确保情绪健康。从这两个方面都可以看出疗愈经济蕴含着巨大商机。

嗅觉灵敏的商家，早早瞄准了疗愈经济，宠物市场的持续火爆就是绝佳佐证。例如，前两年流行的萌宠柯尔鸭笨拙、可爱，一只品相好的柯尔鸭的价格甚至高达1.5万元到2万元不等。因为各种原因不能养宠物的人们可以去宠物咖啡厅撸猫、撸狗，去动物园与动物互动，甚至靠网络"云吸宠"、购买宠物周边来获得快乐。来过成都的人们，谁没有去成都大熊猫繁育研究基地给自己买过熊猫周边的帽子、头绳、包包呢？

减压玩具同样深受年轻人的喜爱。有数据显示，截至2021年，我国减压玩具市场规模已经达到了30亿元。握力圈、解压骰子等玩具成了压力人群缓解压力、焦虑，提升效率的新宠。京东消费及产业发展研究院联合京东超市发布的《2023儿童节消费趋势观察》显示，除了减压玩具，受到大人青睐的还有立体拼插类玩具和网游周边。在收藏型手办中，高达、变形模型的成交额同比增长245%。

情绪疗愈也少不了减压保健类商品。谁家没几个智能手环、智能体重秤？哪个年轻人上班不泡枸杞水养生？满大街的推拿、按摩店成为人们新的消费场所。

精明的企业家和商家为了增加用户黏性，提升品牌忠诚度，开始为自己的客户提供各种社交机会，例如飞盘、露营等各类兴趣俱乐部，组团和陌生人一起旅行。他们还通过数据分析，为画像类似的消费者创造与陌生人结识的机会。

疗愈消费乘风而起，资本也嗅到有利可图的味道。从2020年开始，泛心理健康领域备受大家的青睐。在泛心理咨询领域上，2021年，腾讯战略投资"测测星座"，如今已孵化出包括"星座""社区""心理咨询"在内的多个产品。在美国，心理健康行业已经相当成熟，这两年心理健康领域也备受美国人的青睐。2023年上半年，美国有5家心理健康企业在纳斯达克敲钟上市。

正如马斯洛需求层次理论，在基本的生理需要、安全需要之上，现代人越来越看重归属与爱的需要、尊重与名誉的需要。情绪疗愈是精神需求日益增加的必然产物，疗愈经济也是未来消费发展的必然趋势。

在未来，疗愈经济的市场规模将扩大，消费者需求的多样化必然带来更多目前我们还未开发出的新产品和新服务，社交模式也将在疗愈中重塑，以满足消费者的新型社交需求。同时，科技创新将带来个性化和沉浸式的疗愈体验。也许在未来，个性化与定制化服务会变得很流行。

目前，我国的疗愈经济仍处于早期开拓探索阶段，必然存在着趋势红利和泥沙俱下的问题，它未来的走向到底如何，仍需要人们花时间去探索，它的未来仍面临种种考验与挑战。

压力不息，疗愈不止。想要进场的各位，你们准备好了吗？

疗愈经济的B面

学霸猫的灵修生意

2023年，一篇名为《加入灵修后，他们从裸辞到负债百万》的文章把很多人心中的"神"——"学霸猫"，本名俞立颖推上风口浪尖。至今为止，俞立颖的微博置顶还是"今天星球正式更名为：学霸猫·霍格沃茨凡学贵妇分校"。光听这名字就觉得贵气逼人。

俞立颖的网名叫"学霸猫"，她建立的灵修社群收费从最开始199元涨到9999元。她的身心灵理念来自美国身心灵导师修·蓝博士开创的《零极限》课程。与其他课程依靠冥想、禅修不同，"学霸猫"主张用氪金来清理掉自己的恐惧、焦虑、紧张、"匮乏感"，从而使自己拥有强大的能量场。简单地说，就是花钱。在灵修的包装下，她鼓励学员们过度消费，通过花大钱、购买所有自己心动的物品来填补心灵的空虚，克服对金钱的恐惧。她打着"灵修"的名号，将心理学、神秘主义、消费主义和自我救赎等概念以一套所谓紧密的逻辑联系起来，在"自证预言"的效应下，一步又一步地让人沦陷在巨大的"谎言"当中[1]。

在她的学员中，不少人选择裸辞，以借贷为生，靠刷信用卡来购买几十万元的奢侈品，最终负债百万元无力偿还。

"学霸猫"事件给身心灵产业一记迎头重击，一时间"疗愈是不是一种新型骗局"的质疑声甚嚣尘上。不可否认的是，一旦"心灵刚需"有了资本的"铜臭"，与商业挂钩，难免乱象丛生。

情绪疗愈成为敛财工具

在当今内卷已经白热化的社会里，情绪疗愈成为"心灵刚需"。尤其是在新冠疫情之后，人们的情绪迎来了爆发，需要寻找各种途径来减轻内耗和解决各种心理问题。也正是在这种状况下，渴望寻求精神的慰藉和滋养的人很容易病急乱投医。

以"学霸猫"引起的疗愈争议为例。在"学霸猫"的灵修社群中，很多都是在现实生活中过得不如意的女性，她们的肉身每天在工作单位里挣扎，心里则靠"零极限"的咒语支撑着一切，她们本为清除杂念、放下欲望而来，却因为灵修负债，成为被资本收割的对象。

---

[1] 出自公众号《看理想》：《上岸之前，先上香？》。

澎湃新闻通过词频分析"学霸猫"的公众号《轻松冥想》的文章后发现，2019年到2020年期间常提到的是"问题""事情""知道""开始"。2021年到2022年期间常提到的是"能量""生活""自然""人生"。这些词都是概念性的空泛词语。正如一位认识"学霸猫"的心理学博士所说："人存在于现实中，所以心理学是需要帮助人处理现实的。面对现实，就是一种重要的心理能力。我太知道人是多么有能力去虚构一个别处的世界来逃避现实的难题了。"

美国哲学家赫伯特·马尔库塞在其著作《单向度的人：发达工业社会意识形态研究》中提出"单向度的人"概念，"单向度的人"将人的所有精神追求简化为"物质享受"。一切精神体验都可以转化（等价）为物质享受。这就产生了一个悖论：情绪消费的初衷，原本是满足人的精神升华（如愉悦、积极、欢乐），其结果却是在反复的消费刺激下变得更加物欲。"学霸猫"的受害者即是"单向度的人"的受害者。

在社交平台上搜索冥想类、灵修类博主会发现，他们无一例外都走变现的商业化路径，如直播带货、线上课程、一对一咨询、学院培训、线下禅修活动等。我了解了一下禅修活动的费用，一周左右的时间从一两千元到数万元不等。这个费用对于初入职场的年轻人来说绝不是一笔小数目。如果能改善情绪倒还罢了，但若只是当作敛财工具，对整个行业来说是一种致命伤害。

早在2016年，培训机构"创造丰盛"被曝"涉嫌精神传销"，这是一家打着"疗愈身心灵"标签来骗取金钱的传销机构。当时，那批信奉"疗愈养生"的都市女性少则被骗几十万元，多则被骗上千万元，机构承诺会返还的会费也都化为水中泡影，近千人踏上漫漫维权路。

借"疗愈"之名骗钱的人不在少数。有顾客曾经在某平台上投诉，她在一家疗愈店内消费时，还遇到被推销产品和强制消费的情况。不仅如此，有自称"灵魂疗愈师"的人在互联网上假借"疗愈"名义大肆捞金；一家名为"灵魂催眠养生禅"的机构，通过"拉下线投资"的方式，将生意扩张到多个省市，他们利用"花费两万元入会百病全消"的传销模式，让不少病急乱投医的人被骗上当。

让人无奈的是，这类在旁人看来很容易被识破的骗钱手法却让很多人深陷其中。由于参加者在社群中，大多是自愿甚至主动掏钱，所以很难追回被骗的钱。

疗愈效果难以量化

情绪消费的核心在于消费者个性化的情绪表达。情绪是个人的主观体验，不仅私人化，而且复杂多变。疗愈经济以疗愈为核心，以情绪为痛点，与其他经济相比，天生具有难以量化的特性。

疗愈产品和服务效果难以量化。以心理咨询为例，它的服务对象是具体的人，每个人的心理和遭遇的问题不同，所以咨询师只能提供一对一服务，咨询时间也比较长，不可能一个方案适配多个人。同时，我国心理咨询行业门槛低、咨询师良莠不齐、行业定价混乱，让很多人对心理咨询服务产生不信任感。对大多数人来说，心理咨询似乎意味着自己精神有问题，收费也贵，所以即使自己有心理问题需要疏导，往往也讳疾忌医，宁愿通过泛心理咨询来解决问题。与心理咨询相比，泛心理咨询的范围更广，除了网上的各类咨询，塔罗、算命、星座都可以纳入其中。它可以说没有门槛，更没有标准和专业资格规范，入行人员的水平参差不齐。

无论是心理咨询还是泛心理咨询，往往都很难判断效果，感受因人而异，难以用某套标准给出客观评价。因此，尽管"疗愈"抓住了消费者的"痛点"，但如果严格按照医学技术或心理治疗的专业标准，这些咨询都容易被专业人士诟病。

从整个疗愈经济来看，疗愈效果都难以量化。

个体差异。每个人的心理状态、情感需求和疗愈体验都是独特的。因此，疗愈效果会因人而异。同一种疗愈方法可能对某些人非常有效，对另一些人则可能效果有限。

心理和情感的复杂性。人们心理和情感状态的改善往往涉及深层次的变化。这种变化不一定是即时见效的，可能需要时间的积累。正因如此，短期内难以通过量化指标来衡量疗愈效果。

缺乏标准化评估工具。疗愈经济中的服务和产品缺乏统一的评估标准和工具，并且也很难有这样一套工具和评估标准。因此，对消费者而言，在进行疗愈消费时，不可能有"大众点评"这样的指导工具。

数据收集和分析太难。想量化疗愈效果，就需要收集和分析大量的个人数据，这在实际操作中可能涉及隐私保护和数据安全的问题，同时也需要专业的数据分析能力。这在短期内都不可能实现。

总之，疗愈经济提供的产品和服务都是非标品，是按需定制，很难形成品牌，可复制性弱，难以出现大规模的连锁门店模式。从交付效果来看，没有量化的评价标准和体系，接受服务的用户觉得有用与否是判定该服务是否有效的唯一标准。一旦发生争议，很难公正评判。

被视为好赚钱的赛道

打开社交软件，输入"疗愈"进行搜索，出来最多的是"月入×万""搞钱""好赚"等字眼。由于疗愈经济处于发展期，缺乏相关部门的监管，于是，疗愈消费成为很多人眼中割"韭菜"的好渠道。

"恭喜你，3天2晚，一个系统的培训师就能出炉了。""不学颂钵，无法入局疗愈行业；不学正念，无法入局身心灵行业。音疗和正念是入门身心灵的两大基石。""疗愈师月入 5 万！"……这些类似的宣传语在社交平台上比比皆是。有媒体调查后发现，某线下疗愈培训机构售卖一个为期五天的疗愈师课程的售价为 19800 元。疗愈机构培训结束之后，会给学员们颁发证书。这些证书有的是机构自制，有的是向第三方机构购买。如果是购买证书，学员们还需再支付一笔"证书费"。有记者曾经专门了解过，拿到这些证书无须参加考试，想要初级、中级、高级哪个等级的证书都可以直接花钱购买。

目前，市面上常见的疗愈类、心理类证书包括正念冥想师、能量疗愈师、颂钵疗愈师等 10 类。虽然声称获取证书需要通过考试，但实际上都是包过。其中，购买低级证书需花费数百元，购买高级证书需花费一千多元。这些证书的发证单位是中国管理科学学会和中国管理科学研究院两个机构。我通过企查查发现，中国管理科学学会是社会团体，注册资本为 15 万元人民币；中国管理科学研究院的举办单位为中国旅游文化资源开发促进会，有效期为 2016 年 11 月至 2021 年 11 月，诉讼案件有 27 宗。因此，这些证书的含金量可想而知。

2020 年，《中国经营报》就报道过中国管理科学研究院的情况，这个研究院曾宣称有 92 个二级分支机构（研究所、研究中心），但受访者中无人知道确切的数量及名单，其二级分支机构还牵扯出许多纠纷和诉讼案件，其中还有上亿元的集资案。这些二级分支机构可以提供多达 400 种资格证书，最快几小时就能出证。2019年，在《新华视点》的调查中，时任中国管理科学研究院副院长、中国管理科学研究院学术委员会主任的卢继传就这些现象表态，他表示，近年来，有个别内部研究所搞歪门邪道，靠卖牌子、卖证书敛财，也有机构冒充中国管理科学研究院的名义行骗。几年过去了，这些现象有增无减。

2010年，中国管理科学学会在官网发表声明："中国管理科学学会培训中心系自主经营的独立法人单位，属民办教育机构性质。培训中心不属于学会组成部分，学会不对培训中心进行直接管理，对其活动也不负有法律责任。"

目前，由于中华人民共和国人力资源和社会保障部没有对疗愈师资格认证给出相关说明，也没有权威机构认证疗愈师资格。这就导致疗愈师"量产"。据说，只要初中毕业就可以拿疗愈师证，证书"含金量"很难分辨。为了增加顾客的信任，也有人用心理咨询师、生命教练等各种可以权威认证的身份进行背书。

同时，冥想类、禅修类疗愈课程的定价混乱。一些线上平台的一对一的课程收费上千元，线下一节60分钟的私教课也要六七百元。课程既缺乏定价标准，也无法辨别效果。

所谓的疗愈师把用户急需的情绪服务当作生财致富的手段，连基本的心理学都尚未入门，用几天时间培育出来的能力自不待言，他们是否真如宣传所说的那样日进斗金才是那些怀揣"暴富梦"的学员们需要看清的问题。对消费者来说，需要自己解决的情绪问题成为很多人眼中的"掘金"赛道，在这种情况下，无论是服务效果还是与消费者之间的信任度，都会大打折扣，对行业来说可不是好事。

焦虑营销促销售

"宝贝们，这是今天主播申请的福利，限量100份！"
"今天不买，明天就涨价了！"

看过直播的人都有一种错觉——今天不买就再也买不到了。人们在看直播的时候，会因为焦虑和紧张，通过冲动消费来释放情绪。在直播间的消费固然能获得一时愉悦，然而这种消费毕竟是情绪驱使下的冲动购物，一时的情绪愉悦可能会陷入购物后的失落，从而需要通过新的情绪消费来填补，直播购物让人们陷入消费主义的漩涡而不自知。

大家是否还记得某知名公众号因为制造对立情绪、贩卖焦虑而陷入舆论风暴。前段时间，一批直击观众爽点的短视频被短视频平台下架也是因为其背后隐藏的危害。也有不少人认为疗愈经济是贩卖焦虑的产物。例如，有网友认为，一位在网上讲解如何选大学专业的老师的确缓解了很多家长和学生的焦虑情绪，但实际上，他也正是利用这种焦虑情绪来获得收入。虽然这位老师给学生分析如何填报与自己当前情况吻合的专业，但未来情况是否如他所言就是未知数了。

从本质上说，虽然疗愈经济是情绪问题催生的，但在全社会普遍焦虑的背景下，的确有一些品牌会利用愤怒情绪、焦虑情绪来赚钱。例如，在销售产品或提供服务时，通过广告和营销活动，强调消费者可能面临的焦虑问题，如职场压力、健康担忧、社交恐惧等，从而引起消费者的共鸣。也有的品牌会在社交媒体上利用焦虑话题，通过挑战、话题标签、用户生成内容等方式来吸引消费者的关注和讨论，通过互动和分享来扩大品牌影响力，提高品牌的知名度和产品销量。

发展与规范并重

作为一种消费新业态，疗愈经济的正向作用和经济价值值得肯定，但因为其处于早期发展阶段，行业监管还存在很多盲区，很多方面需要引导和规范，例如，怎样运用良性健康的资本、怎样解决人才问题、怎样提供行业规范、怎样建立行业标准，等等。

疗愈经济的健康发展需要政府、行业和从业者多方的努力，共同建立健康、和谐的发展环境。

政策支持与监管。政府出台相关政策，对疗愈产业进行规范管理，确保行业的健康发展，包括制定行业标准、资质认证、服务规范，以及对违规行为的处罚措施等。

目前，我国对疗愈经济并没有一个明确和完善的法律法规或行业标准来进行规范和管理，心理咨询业务、情绪疗愈场所、疗愈从业人员亟待新标准出台。同时，各类疗愈玩具也应遵循玩具行业生产标准，谨防打"擦边球"。

行业自律。对经营主体、消费环境，相关部门应尽快制定并推广行业标准，切实加强行业规范，防止出现"劣币驱逐良币"的现象。相关企业和从业者需要建立行业自律机制，共同维护市场秩序，例如，制定行业道德准则、服务标准和质量控制流程，以及对从业人员进行专业培训和资格认证。

消费者权益保护。"情感树洞""骂醒恋爱脑"等以疗愈为卖点的虚拟商品和服务涉及个人信息隐私。目前，这方面还缺乏相关法律法规的保护，如何维护消费者权益同样是行业发展过程中需要被解决的问题。

技术创新与研发。鼓励技术创新，开发更多科学、有效的疗愈产品和服务。

作为消费者，在消费时也要留个心眼，对心灵导师、疗愈师不要盲目崇拜，根据自己的实际需求和情况选择合适的、有效的疗愈方式，同时也要保持自己的判断力和批判性思维，避免被人误导和利用。

> **小任务：**
>
> 你在为情绪买单时，踩过哪些坑？

第四章

能赚钱的疗愈方式

　　发挥无形资本（时间、精力、抱负、思考），辅助有形资本（资金、人力、原料、社会关系），为前人所未曾为，做今人所不敢做的事业。

——松下幸之助

暂停实验室的疗愈生意

"参加这个计划已经 100 天了,虽然不知道有没有用,但能让我每天坚持已经是很大进步了!"这是一位网友参加一项名为"情绪减压计划——正念书写基础营"的感受分享。很多人和我一样一头雾水,什么叫正念书写?据这个基础营的发起者——暂停实验室介绍,正念书写是一个为期 25 天、每天 25 分钟左右的在线自助练习计划,一期收费约 700 元。参与者需要每天在手机上跟练一个正念音频,再做一个情绪书写练习,整个过程约 25 分钟,一个周期为 25 天。在 25 天后,参与者通过量表测试,就能直观地看出自己的变化。

从正念书写起步,暂停实验室已陆续开发出情绪 EBP[①]、睡眠 EBP、情绪降落伞、考前解压工具包、新冠康复安心包等多个情绪疗愈产品,服务于 8 万多名有需要的人。2022 年,暂停实验室完成了 5000 万元人民币的 A 轮融资,大象公会、长岭资本、蓝驰创投都参与了暂停实验室的融资。其实,早在 2021 年,就

---

① EBP:Evidence-Based Practice 的缩写,直译为"循证实践"。循证实践,是指实践者针对知识消费者的具体问题,在消费者的主动配合下,根据研究者提供的最佳证据及管理者协调制定的实践指南、标准或证据数据库等进行的实践。

有好心情、Flow冥想、昭阳医生等十几家心理健康企业共获得数亿元融资。一家AI心理服务公司——西湖心辰（杭州）科技有限公司甚至在天使轮就融资到数亿元。

由此可见，疗愈经济，大有可为。

疗愈经济的机会

"我们变得沉重，因为担负太多。"压力如潮水般不断地涌来，让人透不过气，于是，提供情绪价值的疗愈经济应运而生。对此，不少商家和品牌跃跃欲试，各类疗愈产品和服务不断地涌现。所以，这真的是一门一本万利的好生意吗？社交媒体上被鼓吹得最"赚钱"的疗愈经济真的能"躺赚"吗？无论是产品还是营销，如何用好情绪在差异化竞争中寻得一席之地呢？

疗愈经济源于人的心理、情绪、健康等内在需求，疗愈产品和服务不仅为个人提供慰藉，消解孤独感和焦虑感，提供情绪安慰，还为人们提供了新的创业、就业机会，为品牌创新带来巨大的机会。无论是开发产品、提供服务还是打造疗愈经营，想直击消费者的内心，抓住其痛点，可以考虑从以下5个方面入手。

消除孤独感

心理学家罗伯特·韦斯对"孤独"的定义是：孤独是一种主观的情绪体验或心理觉察，是个体的交往水平未达到预期效果时，所产生的不愉快的心理体验。孤独包括两种体验：一是社会隔离，即缺少朋友和熟人的社交网络而引起的孤独；二是情感隔离，即缺乏深厚的人际关系而引起的孤独。

互联网的发展一方面扩大了人们的交往空间、增加了人际交流的机会；另一方面，它消解了传统社会的许多互动模式，交流变得碎片化、扁平化。以"95后""00后"为代表的"Z世代"，他们大多数是独生子女，个体化的成长环境与现代化教育注定他们的自我意识的萌发远比上一代人深远。他们离开家庭进入社会后，个体的孤独感比以往世代要更强烈。根据马斯洛需求层次理论，在生理需要和安全需要之后，便是对归属与爱的需要。从疗愈经济角度来看，能够解决"Z世代"归属与爱的需要的便是商机，例如，云养宠物、"搭子"消费、露营俱乐部等。

缓解焦虑感

医学期刊《柳叶刀》就曾发布报告："2020年，全球共2.46亿人患抑郁症，3.74亿人患焦虑症。"近两年，全球面临的各种危机加重了人们的焦虑情绪。现代人越来越关注自己的情绪，人们愿意把追求情绪健康作为一项必要支出。禅修、养宠物、算塔罗牌等都是缓解焦虑的方式。

增加安全感

很多月薪不到 5000 元的年轻人会花费上万元购买一个名牌包，其目的是想通过消费来获得存在感和参与感。心理学家亚伯拉罕·马斯洛认为，安全感是决定心理健康最重要的因素之一，表现为对可能出现的对身体或心理的危险的预感，以及个体在应对处事时的有力感或无力感，主要表现为确定感和可控感。例如，年轻人喜欢买保险，因为保险是建立安全感最直接的方式——他们现在缴纳的每一笔保险费，在未来生病或养老时都将获得相应的回报。年轻人普遍面临学业压力、工作压力、朋辈压力、生活压力等现实压力，他们需要证明自己的存在，增加自身安全感。此外，阅读、画画、运动都是个体的情感表达，人们在发展兴趣爱好的过程中，可以寻找到自己喜欢的生活方式，得到疗愈效果，重新获得对生活的掌控感。

获得松弛感

"松弛感"是 2023 年的流行语，它更多地体现在生活中的秩序感。面对无序生活时，人们更想获得稳定的情绪和自我调节能力，让自己达到身心平衡。

通过消费获得松弛感也成为新的疗愈消费趋势。一束多巴胺色的鲜花是经济实惠的心灵 SPA。菜市场也因为浓浓的市井生活气息得到不少年轻人的青睐。根据千瓜数据《2023"松弛感"生活十大趋势数据报告（小红书平台）》，从美妆、穿搭、母婴、家居和美食五个方面对松弛感作出消费总结，我们熟知的香水和香氛、智能家居用品、奶油风家居等都具有放松效果。

增加趣味感

著名经济学家提勃尔·西托夫斯基在《无快乐的经济：人类获得满足的心理学》一书中对"快乐"作出如下阐释："我们之所以会快乐，是因为我们人类的心理像一个内稳态系统，也就是一个平衡系统，只有当我们的心理唤起水平处于最佳水平的时候，我们才会感觉到快乐。如果唤起水平太高，我们就需要降低唤起水平来使自己感到舒适，如果唤起水平太低我们就需要通过刺激来提升唤起水平来获得快感。"由此可见，每个人获得快乐的方式并不相同。比如，高唤起水平让人感觉兴奋、紧张、焦虑；低唤起水平让人感觉放松、无聊、迟钝。

提升唤起水平的方法可以尝试刺激的方法，其中包括心理刺激和生理刺激。在生理刺激中，运动是我们日常生活中最简单的刺激低唤起水平的方法。心理刺激则涵盖了观看体育比赛、打游戏、欣赏艺术、研究哲学等多种活动。这些活动有一个共同点：不为了满足任何生物性需求，只是纯粹满足人们的好奇心。此外，当这些活动融入适度的新奇元素，即在熟悉中带着新奇，是最让人感到快乐的。

除了新奇，适度的危险同样令人兴奋。因为在进化过程中，危险可以让人类的注意力高度集中，调动感官反应，刺激低唤起水平。例如，游乐园中的各种刺激项目，让人感觉到危险，但实际上又很安全，正是这种体验带来的快感，让人们喜欢把游乐园当作放松解压的好去处。

点燃心中寒冷与温暖的香氛

成都市祠堂街毗邻人民公园和天府广场，是成都市政府最近打造的一条仿古休闲街区。在这条小街上，与美国户外品牌巴塔哥尼亚、木木美术馆毗邻的是一个近几年快速崛起的国产香氛品牌——观夏。与太古里的大牌香水店相比，观夏更像一座博物馆，整家店的装饰极具中国风（图4-1）。整个建筑体为成都市级文物保护单位，内部的家具及展台灵感来自古代的茶具、茶器，很多都是由竹子编制而成。这里的香水、香氛强调本土性，例如，中国桂花精油、中国小花茉莉精油、四川高山茶清油……这与观夏主打的"东方香气"理念极其吻合。

图4-1 观夏蜀馆

观夏，这个被年轻人追捧的国产品牌成立于2018年，短短四年时间，就获得了IDG资本、真格基金、红杉资本的投资。2024年伊始，欧莱雅集团也宣布对观夏进行少数股权投资。目前，观夏已经在北京、上海、成都等一、二线城市开设了线下门店，短短几年，年收入已实现过亿元。

如果你认为观夏只是撞上了嗅觉经济的风口，这显然不全面。与气味图书馆、三兔、野兽派相比，它的成功与处处戳中年轻人的疗愈消费的痛点有关，其体现在以下3个方面。

产品设计

在传统东方美学上，"颐和金桂""昆仑煮雪""西溪桃花""重庆森林"是观夏主打的四季系列产品，光听名字便知其背后蕴藏的浓浓的东方韵味；在香型上，观夏强调中式香感，这与当代年轻人当中流行的国潮、怀旧风不谋而合，也与国外大牌形成了差异化竞争。同时，线下门店与所在城市的特点结合，让消费者有代入感。例如，上海的门店推出的香氛叫"福开森路"，杭州的门店推出的香氛叫"西溪桃花"。同时，观夏还会根据不同节日和节气推出限定款礼盒，既有仪式感，也具收藏价值。例如，在观夏天猫旗舰店中，"昆仑煮雪"和"颐和金桂"礼盒售价569元，包括香薰、蜡烛、挂件、海报，截至2024年4月，已售出3万多件；2024年，售价1398元的新春限定系列——"游龙则灵"礼盒也达到 1000 多件的销量。

销售模式

观夏的销售模式是以线上销售为主的 DTC[①] 模式。观夏最开始只有微信小程序和小红书两个销售渠道，后来增设天猫渠道。消费者可通过微信小程序、小红书、天猫等网上渠道直接购买产品，这些网上渠道符合年轻人的购买偏好，具有极高的购买率。线下门店作为品牌个性展示地，通过营造氛围让大家拥有沉浸式的体验感。同时，与其他品牌做联名也能为观夏带来人气和话题度。2023 年，观夏蜀馆就与一个本地中式茶点品牌做了一场限定茶室活动，在成都带来不错的反响。在这里，年轻人不仅可以购买商品，还满足了打卡、疗愈、放松的需求，俨然成为品牌"朝圣地"。

营销方式

观夏主要通过"公众号 + 小红书""圈层营销 + 情绪营销"的方式来营销。

观夏的文案采用场景化和故事化的叙事方式，帮助消费者在脑海中构建虚拟想象空间。例如，售价 458 元的"祥云"车载香氛的文案如下：

---

① DTC 即 Direct to Consumer，是指品牌直接面向消费者的销售商业模式。

一朵祥云，一路晴朗

　　哪怕是在都市里，也能循着它的气味，抵达四方

　　文案中隐藏的情绪与年轻人向往自由、渴望旅行的心情不谋而合。通过故事性描述让香味仿佛有了实感，与消费者对话引发其共鸣。

　　目前，观夏公众号已拥有百万粉丝，主要发布的内容为新品发售、香氛故事，文章的平均阅读量在7万～8万，新品发售的文章阅读量能达到"10万+"。

　　在小红书平台上，观夏的营销方式更丰富，包括品牌生产内容（BGC）、关键意见领袖（KOL）、用户生产内容（UGC）等立体的营销方式。截至2024年4月，观夏官方小红书账号已有18.4万粉丝，在小红书上发布的内容与其在公众号上发布的内容相似；"关键意见领袖"发布的内容包括生活方式分享、摄影美学、门店打卡等；"用户生产内容"发布的内容包括消费者使用感受、开箱测评、吐槽产品等。

　　小红书被认为是生活方式的模板，在这里极易形成圈层，"信息茧房"带来的是品牌、关键意见领袖、关键意见消费者、普通消费者共同制造的梦幻乐园。观夏在这里扎根，效果不言而喻。

▎相关链接

2019年，全球香氛市场已达到439亿美元。目前，香氛根据不同的场景可以细分为家居香氛、香氛个护、车载香氛等。颖通集团和艾瑞咨询联合发布《2020年中国香水行业研究白皮书》，预计2025年中国的香水市场会达到300亿元。目前，在中国的香水市场中，国际品牌占据70%以上的市场份额。中国在全球的香水市场消费规模占比仅有2.5%，但人均客单价高达500～800元，国产的香水市场还存在巨大的发展空间。

《2022—2023年中国嗅觉经济发展趋势与商业机会研究报告》显示，中国嗅觉经济的消费者主要集中在一线、二线、新一线等高线城市，以24～40岁的青年群体为主，其中，女性群体是消费主力，占比超六成。伴随"东方香学"的崛起，新中产女性的用香需求和用香场景转向精细化阶段，家居香氛、车载香氛、洗护香氛、芳香疗法等方面实现全面开花。

《2023中国香水行业研究白皮书》显示，从香水的产品功能层面上，香水品牌满足用户多场景的需求；从香水的感性层面上，香水品牌以产品为介质满足用户主张自我表达的个性化的心理需求。

《2023解码中国Z世代的香氛经济白皮书》中提到，后疫情时代，戴口罩成为生活日常，这让"香水效应"反超"口红效应"成了当下消费者提高幸福感的重要品类。

宠物食品让雀巢赚了多少钱？

雀巢前 CEO 汉穆·茂森曾在采访中说："我提议我们进入宠物食品行业时，人们恨不得把我扔出去，但后来我成功了。因为我坚信人们爱他们的宠物，而且精心喂养它们，为了猫狗花多少钱，人们都乐意。"

雀巢在最鼎盛的时候，曾横跨速溶咖啡、炼乳、奶粉、婴儿食品、乳酪制品、巧克力制品、糖果、速饮茶等多种产品领域，甚至还进入了药品与化妆品领域。近两年，雀巢出售了旗下很多产业，但宠物业务异军突起，已经成为雀巢的第二大收入来源。2022 年，雀巢旗下的普瑞纳宠物护理业务的营业收入达到 181.01 亿瑞士法郎，总营业收入占比 19.17%，同比增长 16.36%，成为整个雀巢集团的最大增长贡献者，一度拉动雀巢实现 8.3% 的有机增长。这些乐意为宠物高额买单的消费群体把雀巢的宠物业务拉到跟速溶咖啡业务几乎同一高度。在中国市场上，雀巢开始大力投资宠物食品工厂。2020 年，雀巢投资 8 亿元在天津进行产能布局，天津也成为雀巢全球第四大宠物处方粮的基地。

除了雀巢，高露洁—棕榄旗下的宠物食品和零食部门希尔思同样表现亮眼，其2023年前三季度的净销售额达到31.7亿美元，同比增长19.5%，占母公司净销售额的22%。

宠物经济有多火，看看自己身边的年轻人就知道了。我是两猫一狗的"家长"，身边的年轻人也几乎都有养宠物，大到猫、狗，小到乌龟、鹦鹉。当年轻人被问到为什么养宠物时，他们说："我的糟糕情绪，很多时候都是和人交流带来的，但是小猫、小狗不用交流，单是看一看、摸一摸就很放松。""我对它来说是一种陪伴，因为我可以跟它玩；它对我来说也是一种陪伴，因为对我来说这是一种可以慰藉心灵的方式，它会让我觉得治愈。"

近年来，被称作"它经济"的宠物经济发展得火爆，大家有目共睹，越来越多与宠物相关的企业都在寻求上市的机会。2023年以来，已经有杭州天元宠物用品股份有限公司、上海福贝宠物用品股份有限公司、江苏中恒宠物用品股份有限公司、瑞派宠物医院管理股份有限公司、新瑞鹏宠物医疗集团有限公司等多家企业相继公布招股书或上市计划。其中，杭州天元宠物用品股份有限公司已经成功登陆A股市场。

根据中宠食品股份有限公司、乖宝宠物食品集团股份有限公司、山东路斯宠物食品股份有限公司的2023年前三季度业绩报告和财报显示，3家上市公司的业务均有不同程度的上涨。中宠食品股份有限公司的前三季度的业绩超出预期，实现营业收入 9.97 亿元，前三季度的净利润远超去年全年，创下公司成立以来的最好成绩。乖宝宠物食品集团股份有限公司前三季度实现营业收入 31.12 亿元，同比增长 25.11%。山东路斯宠物食品股份有限公司前三季度实现营业收入 5.01 亿元，同比增长 35.48%；归母净利润 5148.85 万元，同比增长 79.19%。2023 年开始，做宠物食品业务的温州源飞宠物玩具制品有限公司第三季度实现营业收入 3 亿元，同比增长 27.51%。生产宠物护理用品的天津市依依卫生用品股份有限公司在 2015—2022 年间，公司的营业收入率和归母净利润的复合增长率分别达到 14.4% 和 33.5%。天津市依依卫生用品股份有限公司发布的公告显示，公司的快速成长与全球宠物卫生护理用品的快速发展有着很大关系。

中国农业大学动物医学院的研究学者认为，当一个国家的人均 GDP 达到 3000～8000 美元时，宠物产业就会快速发展。2023 年，我国的人均 GDP 为 8.94 万元。按照 2023 年人民币对美元的平均汇率计算，2023 年，我国的人均 GDP 为 1.26 万美元。虽然近三年受大环境的影响，宠物行业的增长有所波动，但整体的增长情况始终优于人均 GDP 的增长。业内人士认为，宠物行业穿越经济周期的能力相对较强，叠加现阶段我国在经济与消费层面均具备良好的基础，宠物赛道处于"长坡厚雪"阶段。

统计显示，年轻人是当下养宠物的主力。《2021年中国宠物行业白皮书》显示，"90后"宠物主人占比达到46.3%，比2020年高出了8.2%。其中，1990—1995年出生的人群占比为23.4%，"95后"为22.9%。73.5%的宠物主人因为"喜欢宠物"而饲养宠物，他们视宠物为家人和朋友，有较高的宠物消费意愿。

在诸多"利好"因素的加持下，宠物繁殖、宠物售卖、宠物食品、宠物用品、宠物服务、宠物医疗、宠物保险甚至宠物殡葬，整个宠物经济链条都蕴藏着"无穷"的吸金力。

相关链接

《后疫情时代，宠物赛道长坡厚雪》报告显示，后疫情时代，我国宠物行业发展或再迎良机。报告显示新冠疫情催化了美国人养宠物的热情，并以此来预测我国可能出现的养宠物增长规模。2020年5月，新冠疫情初期阶段，美国人的宠物领养比例仅6%～7%，直到2021年11月才提升至14%。报告中还提到，在我国，对于新冠疫情严防严控阶段，居民的居家时间显著拉长，对于独居人群而言，陪伴与心灵慰藉的缺位，或已成为近年来在生活中暴露出的新痛点。在此背景之下，宠物的陪伴属性与情绪价值进一步凸显。在良好的经济基础与收入预期增长的情况下，线上线下场景快速恢复，叠加人口结构与消费行为的变化，推动养宠物人群扩大，以及宠物消费金额提升。

《宠物行业蓝皮书：2023中国宠物行业发展报告》显示，2018—2022年，我国养宠物数量持续上升，尽管受新冠疫情管控影响，2019年后，我国养宠物的增长动力有所下降，随着新冠疫情防控政策的改变，养宠物数量增长率由2022年-1.5%反弹上升至2023年2.7%，养宠物数量将增至近2亿只。

随着宠物市场向覆盖宠物全生命周期、全生活场景的扩张，衍生服务向多元化发展。例如，出于降低宠物医疗成本需求的宠物保险服务；出于新冠疫情开放后携宠出行需求的携宠出游服务。这些都是宠物主人有较高消费意愿的新兴衍生服务赛道，占比均在60%以上。兼顾实用功能与置景功能的宠物产品（如共享家具、水族及小众宠物造景产品）也晋级热销品列。报告预测，宠物保险市场未来三年将增至14亿元，女性宠物主人为主要消费者，猫为主要投保宠物类别。

《2023巨量引擎宠物行业白皮书》显示，目前，我国宠物消费市场正处于升级期，猫狗食品级用品引领发展。在宠物食品市场中，湿粮、零食、保健品都处于高速赛道。在宠物用品市场中，宠物饰品的市场规模相对较大。

冥想是门大"生意"

"冥想不是逃避，冥想的深处具有一种独特的美，而且是人生中不凡的一件事，如果我们能体认它的话。"①

目前，冥想以正念冥想为主。冥想作为一种禅定修行方法，最早起源于古印度的婆罗门教和耆那教，后经美国心理学家和生物学家通过试验证明其在生理学上对人类心理健康有一定的积极作用。在我国，冥想又被称为"心灵轻医美"。

《哈佛大学公开课：幸福课》讲授者泰勒·本·沙哈尔教授曾在上课时专门讲到如何冥想。《高效能人士的七个习惯》一书的作者史蒂芬·柯维也在第七个习惯中提到了冥想。好莱坞一众明星和商界巨人都是冥想受益者。在硅谷，冥想甚至成为科技行业的一股潮流。

目前，美国是全球最大的冥想市场，根据 2019 年 Marketdata 发布的美国冥想市场研究显示，2017 年，美国的冥想市场规模就已达到 12.1 亿美元，2022 年将超过 20 亿美元。Data Bridge 数据显示，全球冥想市场规模在

---

① 出自印度哲学家和心灵导师克里希那穆提的著作《世界在你心中》。

2029 年将达到 205 亿美元。

由正念之父乔·卡巴金博士创立的正念减压疗法（Mindfulness-Based Stress Reduction，简称为 MBSR）具有极大的影响力，其成为牛津大学、布朗大学、斯坦福大学、马萨诸塞大学、卡罗林斯卡学院等世界知名院校的课程和专业方向。目前，在美国最成功的正念冥想软件——Calm App 已经拥有上亿用户，它向会员提供呼吸练习、每日冥想、多日计划以及无指导和有指导的冥想课程等，其终身会员费为 299 美元。2019 年，Calm App 的估值超过 10 亿美元。

Headspace App 与 Calm App 几乎同时出现。Headspace App 主要提供 10 分钟以内的冥想课，有类似星球大战这类冥想特色课程。Headspace App 采用先试用、后付费的模式，大家在试用后，每月订阅需支付 12.99 美元或一次性支付 399.99 美元。2018 年，Headspace App 的销售额超过了 1 亿美元。2021 年，Headspace App 与在线心理健康平台 Ginger 合并，合并后，公司估值超 30 亿美元。

在中国，冥想是舶来品，缺乏广泛的群众基础，主要在"海归"范围内流行。随着互联网发展，冥想在一、二线城市白领中逐渐有了拥趸。打开苹果手机，在系统自带软件——"健康"中选择心理健康这一选项，里面不仅有焦虑风险、抑郁风险测试的选项，还有正念分钟数以及冥想 App 推荐，如 Now 冥想和潮汐。华为手机同样设置了专门的睡眠板块，其中，有多项正念冥想的免费课程及付费精品课程。

据不完全统计，国内头部冥想平台的用户规模在 2020—2021 年的年均增速达到了 2～3 倍。易观千帆的数据统计，2021 年 6 月—2022 年 4 月，潮汐 App 的月度活跃用户从 20 万增长到 30 万，相较新冠疫情初期，付费用户同比增长超过 100%。在 2020 年 3 月后，Now 冥想 App 的每月用户增长可达到 60 万～100 万。这两家老牌冥想 App，累计用户量均过千万。在用户认知度方面，冥想 App 的用户集中分布在北京、上海、广州、深圳。潮汐 App 的用户有 40% 来自北京、上海、广州、深圳，其中，金融、互联网、律师等行业的人对冥想的需求更高。

创立于 2020 年的 FLOW 冥想 App 于 2021 年上线应用商店，完成天使轮投资。除了上线应用商店，其还尝试举办线下活动，并探索与企业端进行合作，例如，提供专属会员、定制课程、旅修团建等服务。除此之外，心流冥想 App 在 2021 年获得超过 1000 万元人民币的天使轮融资。同年，哈梨冥想 App（Heartly Lab）同样获得千万级种子轮融资。随着虚拟现实（VR）、增强现实（AR）兴起，也有从业者进入冥想硬件开发领域，推出冥想手环等产品。

除了专门的冥想 App，一些睡眠类、瑜伽类、健身类

第四章　能赚钱的疗愈方式

App 也把冥想作为自己的补充引流板块，如蜗牛睡眠、沸彻魔镜、Keep 等。此外，小红书曾推出"疗愈便利店"和"晚安疗愈电台"活动，为用户提供冥想内容，并对用户分享的疗愈笔记给予流量支持。在线下，瑜伽馆、心理咨询机构也推出冥想课程，将其作为主业之外的创收方式。

与美国相比，我国的冥想赛道依然是小众疗愈。首先，国内的冥想市场缺乏用户基础，需要长期的教育培养；第二，冥想缺乏产业支撑，无法带动周边产业发展，就像露露乐蒙品牌的发展全靠瑜伽带来红利。

与禅修一样，冥想依然有开发可能。近几年，禅修、"冥想＋旅行"的旅修开始崭露头角。有人把旅修形容为"旅游＋修息"的综合体，整个流程就是以瑜伽和普拉提为主题，搭配健康饮食、冥想、徒步等活动，到一些风景比较好的高端酒店进行放松体验。一个在抖音拥有超 20 万粉丝的博主——familyoga 一家瑜伽，就推出了森林、寺庙的"瑜伽＋冥想"的旅修活动。2023 年，哈梨冥想在四川柑橘园中举办冥想疗愈活动，目的是让参与者的身心尽情地融入自然氛围中，重新找回久违的宁静与安宁。

"旅游＋酒店"同样能提供融合疗愈服务。例如，泰国曼谷有一家号称创新型养生静修中心——RAKxa。这种静修中心类似酒店，集休闲、疗愈、康养于一体，为顾客提供平衡身心的各类产品和服务。除了酒店，民宿也延伸出疗愈民宿的概念。在大家公认的疗愈胜地——大理，就有一家疗愈主题的民宿。这类疗愈主题的民宿大多集中在古寺、温泉、林场等风景绝佳之处，并将颂钵、抄经、冥想融入其中，因此，房价也不菲。

相关链接

Data Bridge Market Research 发布的《全球冥想市场》研究报告显示，全球冥想市场在 2022—2029 年的年复合增长率约 18.5%，整个市场规模有望从 2022 年的 52.95 亿美元增长至 2029 年的 205.32 亿美元，其中，医疗保健支出的增加以及创新技术的升级是市场规模增长的主要驱动力。

2022 年以来，即使是 Calm 这样的冥想类头部 App 也没那么吃香了。根据 Apptopia 最新数据，冥想 App 自 2020 年第二季度达到巅峰期以后，其用户会话量已经下降了 48%。2022 年 7 月份 Calm App 的用户会话量同比下降 26.4%，Headspace App 的用户会话量同比下降 60.3%，其流量转向线上心理咨询平台 Better Help 和 Talk Space。

如果你想了解冥想，那么奈飞推出的动画短片《冥想正念指南》能够帮到你。它的创作者是 Headspace App 联合创始人、佛教僧徒和畅销书作家安迪·普迪科姆，他著有《简单冥想术》《十分钟冥想》等多本畅销书籍。

艺术疗愈多样化

很多年前,一本涂色书《秘密花园》风靡全球。书中精致、繁复的动植物手绘图让购买者能够自己涂色,使这些黑白线条变成色彩斑斓的精致图画。在涂色过程中,人们得以放空、专注地做一件事。这就是艺术疗愈的一种方式。

1889年5月,梵高自愿进入法国圣雷米的一家小疗养院。同年7月,梵高遭受了一次严重的精神病发作,病状持续了一个半月。最后梵高通过艺术与自己和解,这期间,除了诞生不少经典的作品,"艺术疗愈"也开始被人知晓。弗里达·卡罗、草间弥生同样是艺术疗愈的受益者。我们熟知的艺术疗愈还有帮助"星星的孩子"做疗愈的绘画疗法。

艺术疗愈也被称为艺术治疗,是一种心理治疗方法。与一般的心理治疗方法相比,艺术疗愈的最大特点是用舞蹈、音乐、绘画、戏剧、沙盘游戏等具有艺术创造性的表达方式来达到疗愈效果。

在艺术疗愈中,最被人熟知的方式是绘画、陶艺和音乐。据我观察，在新冠疫情前，成都有不少成人油画、成人钢琴店。很多来这些店的年轻人不是真的喜欢画画或弹琴，他们只是希望在绘画和弹琴中获得审美愉悦和精神享受，使身心得到愉悦和休息，这同样是一种艺术疗愈的方式。这些店一般开在商场里，环境优雅，消费一次需数百元。

曼陀罗绘画疗法由荣格心理分析学派创始人荣格发现。自从荣格将曼陀罗绘画疗法发展为心理分析与治疗的有效工具以来，曼陀罗绘画疗法已经成为静心减压、缓解焦虑的重要手段。目前，此疗法被广泛应用于心理治疗中。曼陀罗绘画疗法不仅能提高人的安全感，减少人的焦虑、恐惧，提高人的抗压能力、注意力和定力，还可以提升自我存在感和爱的能力。

与绘画疗法相关的还有抄经体验。目前，除了寺庙提供抄经体验场所外，很多城市还出现了抄经小院。消费者在抄经小院中能抄经、喝茶、吃斋饭。在成都，很多中式茶室推出抄经、国画、古琴等体验项目，价格在几十元到几百元不等。我曾经问过一位体验者为什么不买回去自己在家写，而要在这里写？她的回答是："氛围不对。"

自从好莱坞那部经典的爱情影片《人鬼情未了》热映之后，陶艺就进入大众视野，成为疗愈解压和艺术熏陶的一种重要方式。如今除了陶艺和石膏手作，手工簇绒（Tufting）逐渐走红。铺好白色的底布，拿起簇绒枪，伴随"突突突"的声音，各种颜色的毛线出现在画布上，慢慢形成一幅图画。相比于画画、刺绣这种入门要求更高、耗时更长的手工作业，手工簇绒的门槛更低、成品更快。虽然手工簇绒的体验费用不菲，按画布尺寸收费从几百元到上千元不等，但它依然受到年轻人的追捧。

音乐疗愈也是艺术疗愈的常见形式。艾瑞咨询发布的《2021年中国场景音乐人群洞察白皮书》显示，音乐疗愈场景更受女性偏爱，受访者中83.7%的人偏爱舒缓解压的音乐，59.4%的人偏好专业医生推荐的音乐。最被年轻人熟知的还有白噪声。在社交媒体上，被大家玩得风生水起的颂钵也属于音乐疗愈的范畴。有统计数据称，目前，中国有超过1000家颂钵音疗工作室，其中一些与酒店、民宿、瑜伽馆等场所合作，提供疗愈主题的旅游和体验服务。在网络上卖课和售卖颂钵用品也是颂钵音疗工作室收入来源的一部分。近年来，还出现了专门做疗愈音乐的音乐人群体，他们依靠流媒体音频平台和社交平台迅速崛起，通过疗愈音乐会来实现变现。

1921年，美国企业家邓肯·菲利浦在华盛顿创建菲利普纪念美术馆，为缅怀于1917年逝世的父亲和1918年因患西班牙流感死去的哥哥詹姆斯·菲利浦，它也是美国第一个现代艺术博物馆。现任馆长多萝西·科辛斯基认为，美术馆除了艺术感知，还有疗愈作用，他还说："研究显示，创造性的艺术与健康息息相关，艺术对糖尿病或创伤后应激障碍（PTSD）患者都有积极的疗效。然而，人们还不太意识到博物馆与疗愈的关系，通常认为博物馆仅用以保存历史，启发教育公众的艺术审美。"新冠疫情后，不少国外博物馆开始把艺术疗愈作为新方向。纽约皇后区艺术博物馆提供每周定期的线上艺术疗愈项目，鼓励人们拿起画笔去表现自己的生活与感受；纽约大都会艺术博物馆准备了一份艺术作品的清单，在博物馆重新开放后，用来帮助观众缓解新冠疫情后的焦虑；俄亥俄州辛辛那提美术馆培养了一批志愿者，教授人们艺术疗愈的技巧。目前，我国也有美术馆引入这一理念，如苏州美术馆、武汉美术馆，它们为需要疗愈的人群和需要收入的艺术机构提供了新的思路。

在艺术疗愈种类中，相对小众的是舞蹈和戏剧疗愈，因为这些对专业度、场地都有要求。在北京，一家名为"情绪疗愈剧场"的机构希望通过声效、视觉、氛围营造，为观众带来注重心灵享受的功能性剧场体验。也有一部分戏剧工作坊提供即兴戏剧服务，例如，中国医学科学院阜外医院就曾请来戏剧工作坊的演员到医院举办了一场活动，把护士们现场讲述的故事变为即兴戏剧表演给护士们看。这次活动的主办者是这家医院的心理医生，他表示："在表达性艺术治疗中，艺术像一个负面情绪容器，将表达者的感受用象征性的符号展现出来，以此给予表达者承受痛苦并与之相处的能力。"由此可见，与企业、机构合作是不少戏剧疗愈机构的生存之道。

│相关链接│

除了传统疗愈赛道，艺术疗愈也许在未来会有爆发的机会，因为它既有理论支撑，也有实践经验可参考。

美国著名人本主义心理学家马斯洛认为，人生的最高境界是一种"高峰体验"，在这种时刻里，人会感受到强烈的幸福、狂喜、顿悟、完美，这种体验存在于人的高级精神活动中。马斯洛还进一步提出，审美体验通过刺激人的感知系统，使人身心放松，从而提高人的情绪体验和心理健康水平，多次文化艺术活动和审美体验能够有效减轻压力，减轻焦虑和抑郁等不良情绪的影响。

同时，艺术作品中蕴含着艺术家对于生活的理解、认识和审美理想，能够使欣赏者受到强烈的感染和启迪，也能获得精神享受和审美愉悦，使身心得到愉快和休息。

"心流"一词最早由美国心理学家米哈里·契克森米哈赖提出，它是指人们在做某件事情时全神贯注、投入忘我的状态——在这种状态下，你甚至感觉不到时间的存在，在这件事情完成之后人们会有一种充满能量并且非常满足的感受。绘画、舞蹈、音乐、戏剧很容易让人进入心流状态，这一过程中产生的能量和满足感足够疗愈和滋养人的身心。

可以解压的零食

压力大，我们会吃不下饭；面试紧张，我们会干呕拉肚子……直到查阅资料我才发现，原来肠胃是情绪性器官，我们的喜怒哀乐都可能影响它们的工作。同样道理，进入肠胃的食物也可能影响我们的情绪。

食疗不仅可以滋养身体，还可以滋养情绪。现代科学研究发现，食物中的营养成分影响人们的情绪健康。例如，食用脂肪含量高的鱼类可预防抑郁症；适当补充色氨酸可以改善抑郁情绪；酪氨酸具有刺激神经的作用，可以直接影响情绪和认知功能；叶酸摄入不足会导致抑郁情绪、疲劳和记忆力下降。

食品健康与心理学领域研究表明，食物的味道还能影响情绪。咸味的零食与焦虑相关，盐会影响肾脏，肾功能衰弱就容易引发焦虑情绪；甜味的零食可以抚慰激动心情，令人保持平静和愉悦；辣味的零食是人体兴奋剂，可以减缓悲观情绪；还有一些满足人们的细分需求而存在的饮品，如咖啡、酒，这些会让人们的心理得到满足。这类能够带来享乐体验的零食被称为"享受型零食"，心理学还专门为这些零食创造了一个专有名词——慰藉食物（Comfort Food）。

根据心理学家珍·克里斯特勒给出的定义，慰藉食物是指那些能够给我们带来愉悦感、满足感，或者唤醒某些疗愈体验的食物。中国有个成语叫莼鲈之思。在上学时，我很是向往莼菜的味道，等真的吃到了莼菜，我才发现，原来这个菜只是唤起张翰对故乡思念的引子，并非它本身的滋味有多好！正如知名美食纪录片的导演陈晓卿所说："世上最好吃的食物是能慰藉心灵的食物。" 慰藉食物也具有私人化特点。当成年人面临严重的情绪压力时，就想转移自己的关注点，从慰藉食物中寻求安慰，例如，人们喜欢吃童年时经常吃到且能带来安全感的食物。最近，童年老式蛋糕的流行，正是源于这股情绪。现在很多餐厅的国风、新中式装修风格以及致敬 20 世纪 80 年代～90 年代的装修风格都是为了满足食客们的心理需求。

研究显示，慰藉食物同样会让大脑释放多巴胺。在短暂的时间内，吃到慰藉食物会让人感觉更快乐，尤其是一些高油、高糖、高盐食品，会让人觉得既有罪恶感又无法拒绝。美国康奈尔大学和加拿大麦吉尔大学的研究人员在研究中发现，当女性处于紧张、失落的负面情绪时，多数会倾向于食用甜味的、高卡路里的慰藉食物。然而，当她们吃了这些慰藉食物，情绪有所好转之后，通常又会产生负罪感。相反地，多数男性食用慰藉食物则是在正面情绪的影响下，他们倾向于食用蛋白含量高的肉类食品，如牛排、通心粉。这可以大致概括为："女性无甜不悦，男性无肉不欢"。

在中国，在慰藉食物的风潮中直接受益的当数零食类食品。英敏特调查显示，中国消费者明显倾向于通过食物寻找慰藉，因为他们普遍了解食物对心情的影响。93%的二、三线城市的被访者表示会通过吃零食来慰藉心情，而该比例在一线城市中是 86%。80% 的消费者吃零食是为了让自己的心情更愉悦，90% 的消费者认为"吃纵享型的零食会让我心情变好"，58% 的消费者愿意尝试提供舒缓情绪效果的糖果产品。

生活压力与日俱增，单身消费者也越来越多，这是带动慰藉食物需求增长的关键因素。人们需要时常取悦自己来改善情绪健康。近年来，休闲零食伴随着人们的疗愈需要而蓬勃发展。Sandalwood 电商监测数据显示，2023年 5 月和 6 月，休闲食品线上销售同比增速分别为 11% 和12%。其中，既有怀旧元素又兼顾年轻人口味的卫龙品牌的辣条表现优异。2023 年，卫龙发布了截至 2023 年 6 月 30日的中期业绩公告，表示卫龙产品调整与业务升级初见成效，上半年实现总收入 23.27 亿元，同比上升 3.0%；毛利约 11.06 亿元，同比上升 28.4%；期内利润约 4.47 亿元，同比上升 271.4%，扭亏为盈。2023 年，"红枣第一股"好想你健康食品股份有限公司发布公告称，将对湖南零食很忙商业连锁有限公司增资7亿元，一同投资的还包括盐津铺子食品股份有限公司。照此计算，湖南零食很忙商业连锁有限公司的估值将高达105亿元。目前，这个零食界的"蜜雪冰城"的全国门店数量已突破4000家，与赵一鸣零食品牌合并后，全国门店数量将突破6500家。

除了零食，精明的餐饮商家也开始把情绪应用于产品和营销中。以前，海底捞的服务最为人称道；现在，人们去海底捞，更多是为了过生日时看寿星尴尬的表情和看工作人员跳"科目三"的舞蹈。在这些顾客看来，食物没那么重要，开心最重要。2023年，瑞幸咖啡做过最出圈的事就是与茅台联名，推出了一款"酱香拿铁"。这款让爱喝咖啡、爱喝茅台的人同时沉默的饮品，拿捏住人们的猎奇心理，创下了单日销售额破亿元的傲人成绩。王老吉的"高考限定"、益禾堂的"顺顺珠"同样把年轻人需要的情绪价值放入产品中，成功地吸引了年轻人的注意。

相关链接

世界零食业巨头亿滋国际发布的《2021年全球零食现状报告》指出，全球近80%的受访者对零食的认知在过去3年中有所变化，64%的受访者表示每天会用零食代替至少一顿正餐。享受型需求在均衡饮食结构中的比重略有上升。85%的受访者表示在一天中至少享用一次享受型零食，88%的受访者称一个均衡的膳食结构可以包含享受型零食；74%

的受访者称无法想象一个没有巧克力的世界。在零食消费方面，分别有80%、75%、80%的消费者表示会通过寻求零食改善身体健康、精神健康和情绪健康。2/3（65%）的消费者表示希望改善社会健康，渴望以简单的方式与他人建立连接。

根据欧睿数据，中国休闲零食行业保持稳健增长趋势，但增速逐渐放缓。2022年市场总规模为7342亿元，2008—2022年复合年均增长率（CAGR）为7.1%；2022—2027年复合年均增长率预计为5.9%，2027年市场规模预计达到9765亿元，接近万亿元。2022年，我国人均休闲零食的消费量、消费额分别为14kg、500元，与美国、日本等发达国家及全球平均水平相比，我国人均休闲零食的消费额仍处于较低水平。2022年，中国各零食品类中，风味零食、烘焙糕点、糖果巧克力、冰激凌和甜饼干、能量棒和水果零食的市场规模占比分别为38%、34%、13%、7%和8%。风味零食中，肉类零食占整体零食行业比重为10%；咸味零食（薯片、膨化食品、米类零食）占比8%；坚果炒货占比5%；其他风味零食占比11%（辣味面制品包含其中）。欧睿数据显示，具有中国特色的肉类零食、海味零食和其他风味零食（如辣味零食等）具有高增速、低集中度的特点，行业由本土企业主导。2022年，肉类零食、海味零食、其他风味零食CR5（业务规模前五名的公司所占的市场份额）分别为15%、22%、16%，龙头企业分别为良品铺子（3.9%）、周黑鸭（4.6%）、劲仔（6.4%）、来伊份（6.4%）、卫龙（9.3%）。

第一财经商业数据中心（CBNData）发布的《2017年中国线上零食消费趋势报告》显示，相比男性消费者，女性消费者更偏好购买零食，23～28岁年龄段的消费者是零食消费的核心人群。相比零食消费者分布，购买进口零食的女性消费者占比则进一步提升。

Keep的运动"疗愈经"

吃了火锅怎么办？健身！

喝了奶茶怎么办？健身！

对于这届年轻人来说，户外运动、传统健身房是他们减轻负罪感的"工具"。除了传统健身房，Keep、超级猩猩、乐刻等APP蚕食了很多传统健身房的用户。其中，Keep更成功登陆香港交易所，成为"运动科技第一股"。2022年，约3640万平均月活用户产生的21亿次锻炼次数让Keep继续保持在中国最大的健身平台的位置。Mob研究院数据显示，目前，我国的健身人群中，25～34岁群体占比为44.8%，是最大的健身群体，18～24岁群体占比为19.4%，也是主力军之一。Keep招股书显示，2022年，在提供年龄信息的Keep月活跃用户总数中，76.6%的月活跃用户在30岁以下，Keep社区的互动总数达到11亿次。

Keep占据王座并不是偶然。2014年，Keep正式成立，它的出现填补了互联网健身内容的空白，再加上当时正处于移动互联网的高速发展期，凭借"运动社交＋免费健身课程"的模式，成立仅 105 天就收获了 100 万用户。Keep 通过优质的健身内容吸引用户，通过健身用品提升用户体验，通过社区运营增加用户黏性，在互联网上构建了完整的健身生态圈。

为了吸引年轻人，Keep 推出了 3 个王牌项目："拳皇·97 拳击体验课"，让用户边玩游戏边运动，消除健身带来的枯燥感；与虚拟偶像女团 A-Soul 合作，定制燃脂训练课程，用"Z 世代"新偶像激发年轻用户的运动热情；举办线上赛事，用户付费即可得到知名 IP，如蜡笔小新、海绵宝宝的联名奖牌。在 Keep 社区，用户可以看到自己需要的健身内容分享，如健身干货和减肥干货。与小红书类似，Keep 的用户通过品牌生产内容、专业生产内容、职业生产内容和签约作者的方式，形成了一个相互鼓励、分享、学习的社区。在这里既能学习，也能社交。

目前，Keep 的变现方式集中在健身产品上。截至 2022 年 12 月 31 日，最火的单品智能动感单车的累计商品交易总量为国内排名第一，此外，跑步机的销量也达到 19.7 万台，智能运动手环的销量为 1500 万条，瑜伽垫的市场份额为 14.9%。到 2023 年上半年，Keep 智能动感单车的商品交易总量同比增长超过 20%，智能运动手环的商品交易总量同比增长超过 10%。

虽然 Keep 坐拥用户第一的宝座，但亏损一直是它面临的难题。Keep 难以扭亏为盈的原因是它的盈利点单一、营销费用过大以及健身产品难以形成品牌带来溢价。

与 Keep 相比，健身运动的周边产品的变现能力要强很多。在健身运动的众多周边里，服饰是复购率最高的品类。2024 年初，安踏集团旗下的亚玛芬体育正式向美国证券交易委员会递交招股书，申请在纽约证券交易所上市。这家估值高达 100 亿美元的运动品牌预计将成为 2024 年度第一个超级 IPO（上市），也是 2024 年首个赴美上市的中国企业。如果你对亚玛芬体育这个名字感到陌生，那始祖鸟（Arc'teryx）和萨洛蒙（Salomon）总听过吧？这两个品牌都在亚玛芬体育旗下。再加上之前安踏集团收购中端品牌斐乐（FILA）和买下迪桑特（Descente）、可隆（Kolon Sport）在中国的经营权，安踏集团俨然成为运动服饰中高端品牌的大赢家。

2024 年元旦，始祖鸟推出了一款"龙年限定"冲锋衣，官方售价为 8200 元。尽管这款冲锋衣被调侃是美团外卖款，但依然"一衣难求"，在网上甚至炒到 1 万多元的高价。萨洛蒙，作为一个被年轻人炒热的品牌，它在成都的专卖店都开在潮人聚集的太古里、SKP 和华润万象城，网上的热门款式经常断货。与其叫运动品牌，萨洛蒙更像是潮牌，它会根据中国市场和消费者的特点，通过在颜色和款式上下功夫来提升美感和时尚度；同时它还与知名的设计师、艺术家、音乐人推出联名款，让其增加特色和独特性。短短几年间，萨洛蒙从一个土土的户外运动品牌晋级为年轻人的新宠。

这些运动品牌的服饰能出圈也证明了一件事：想让年轻人买单就要增加产品的情绪价值，不管是在产品的颜值还是在其他附属价值上都需要下功夫。

相关链接

Mind Body 发布的《2022 年美容与健身报告》显示，在消费者的心中，现在"健身"跨越了心理、物理和精神的层面。不仅包括练出好身材，还包括减轻压力，让自己感觉自信，或者寻找社区感和归属感。实际上，是消费者将精神健康放在了首位。

美国运动医学学会（ACSM）发布的《2023 全球健身趋势调查报告》显示，可穿戴技术位列 2023 年的运动健身趋势的榜首，剩余趋势依次排序为自由重量训练、自重训练、老年人健身计划、功能性训练、户外运动、高强度间歇性训练（HIIT）、减肥运动、聘用专业认证教练、私教训练、核心训练、循环训练、家庭健身房、团体训练、运动是良药、生活方式医学、瑜伽、专业健身人士认证、健康指导和健身类移动应用程序。

《2022 年中国新式健身房行业研究报告》显示，55.1% 的健身用户在日常生活工作中的主要痛点是工作生活压力大，容易情绪紧张和低落，对自身身材、体态不满意和处于亚健康状态，患有颈椎病等慢性疾病分别占比 50.7% 和 47.0%。

《2022年中国年轻人群运动发展白皮书》显示，年轻人参与运动主要目的是锻炼身体。此外，不少年轻人也表示运动能够使自己心情愉悦、增添生活乐趣、提升运动能力。随着人们的健康意识的提升，运动锻炼的需求增多，人们逐渐意识到锻炼身体的必要性。

合并社交与休闲的户外运动

户外运动诞生于 18 世纪的欧洲，第二次工业革命后，逐渐演变为一种短暂摆脱现代工业文明的休闲活动。户外运动天然与人的情绪相关。进化心理学认为，人有亲近自然的本能需要。复愈性环境的减压理论和注意恢复理论指出，接触自然环境不仅可以缓解压力带来的负面情绪，还能使不断消耗的定向注意[①]得以恢复。

"久在樊笼里，复得返自然。"新冠疫情过后，久待室内的城市居民开始往户外跑，成功带火了户外运动。公开数据显示，我国人口的户外参与率约为 28.4%，与其他国家 50% 的户外参与率相比存在较大差异，但因为人口基数较大，所以我国参与户外运动的用户规模较大。国家体育总局体育经济司发布的《中国户外运动产业发展报告（2022—2023）》显示，截至 2021 年底，中国户外运动参与人数超过 4 亿人，"90 后"是户外运动的最大参与群体，占比达到 36.1%，女性参与者数量高于男性参与者，成为

---

① 定向注意，又叫选择性注意或集中注意力，是指个体对周围环境特定的信息进行有意识的选择和关注。

户外运动的参与主力人群。预计到2025年，户外用品行业市场规模将达到2400亿元。

有学者认为，目前，我国的户外运动趋势与日本1984—2011年旅行趋势相似。当时在日本，大家会因为距离近、时间短、价格低、家庭化、小型化的特点选择短途游，不断地替代去欧美旅游，同时，登山、露营、自行车、健身房等运动消费不断攀升。目前，我国也呈现出类似的趋势，户外运动开始从小众爱好变为生活方式，融合进生活场景里。根据社交媒体的数据，2023年，在社交媒体上，与户外运动相关的讨论内容除了运动本身，还与团建、舞蹈、穿搭、美食、游戏等内容结合，呈现出泛户外运动的特征。

从运动种类来看，目前比较受年轻人欢迎的是徒步、登山、飞盘、陆冲（陆地冲浪）、露营、钓鱼等。

我身边很多的男性朋友都是钓鱼爱好者。起初我很不理解，他们一坐就是半天，才钓上来几条小鱼，钓鱼到底有什么魔力？但当看到钓鱼达人"天元邓刚"的抖音粉丝量接近3700万时，我才恍然发现，原来这个看似小众的运动的发展潜力竟如此巨大。一位男性朋友是这样描述的："有鱼的地方风景都不错，不管钓不钓得到鱼，反正我的内心很平静。如果当天收获大，这比发了奖金还开心。"

与钓鱼相比，露营相对动态。作为旅游"平替"，2022年是露营成为"顶流"的一年。据公开数据显示，截至目前，我国露营相关企业数已经接近13万家，其中大部分都是在新冠疫情期间创立的。2022年，我国新增注册的露营企业高达3.3万余家，同比增长39.6%；2020—2022年，新增注册的露营企业平均增速达到了33.3%。仅2023年第一季度，我国露营相关企业注册量达1.31万家。

人们热爱露营，更多的是社交需要和缓解疲惫、焦虑的情绪需要。现在的露营可以分为传统露营、便捷式露营和精致露营三类，其中精致露营最受年轻人喜爱。与在公园里精致野餐类似，喜爱精致露营的人们拼的是露营装备、颜值以及如何摆出更好看的拍照角度。正如一位网友所说："精致露营就是一群人从都市生活逃向大自然，再把都市生活搬到大自然。"

2022年冬奥会以后，滑雪从小众运动变为网红运动。据统计，黑龙江亚布力滑雪旅游度假区自2022年11月9日雪场"开板"以来，日均游客量约5500人次，单日最大接待量约7500人次，远超历年同期水平。总共拥有7家滑雪场的河北省张家口市崇礼区在2024年春节期间，共接待游客47.38万人次。《2023年度滑雪行业白皮书》显示，2014—2022雪季财年，中国滑雪人次上升65.9%。2022—2023雪季财年，中国滑雪参与人次达到了1983万人，滑雪装备线上消费已接近15亿元，并且在新冠疫情期间仍然保持了每年正速率增长。

与此同时，陆冲和拳击这些冷门的运动也在变得热门。数据显示，2023年6月以来，射击、射箭的线上订单量超过了篮球运动，陆冲培训体验课的销量与年初相比上涨了19倍；2022年1月至9月，拳击品类的线上消费额同比增长35%；2024年，一部贺岁片《热辣滚烫》中主人公的励志减肥经历，也影响了一批人成为拳击爱好者。

克劳锐指数研究院发布的《品牌社交营销系列研究：户外篇》显示，超八成用户只把户外运动作为生活的调和剂，仅一成用户参与度较深，热爱踏足户外生活。从社交媒体上分享的户外运动内容来看，大多数人分享的内容包括运动着装穿搭、各种运动装备、出行攻略等。2022年，露营正红火时，其带动了天幕、克米特椅、折叠桌、烧烤炉、柴火灶、户外电源、灯串的热销。

与户外运动本身相比，运动装备和周边产品的"钱景"可能更惊人。以骑行装备自行车为例，2022年以来，自行车制造品牌捷安特频传"一车难求"，其母公司巨大集团在2022年财报中指出，中国市场内销业绩大幅增长近四成。同年，以露营装备为主要产品的牧高笛实现营业收入14.36亿元，同比增长55.52%，实现净利润1.41亿元，同比增长78.83%。

2023年前三季度，户外装备渠道商三夫户外的营业收入和净利润分别同比增长49.73%和135.31%。另一家户外用品企业探路者在2023年前三季度的营业收入为9.31亿元，同比增长24.32%，归母净利润4608.47万元，同比增长306.36%。

> 相关链接

《2023年全球户外用品行业白皮书》的数据显示，2022年中国户外用品行业市场规模约1971亿元，预计2025年将增长到2400亿元。户外用品中，户外服装占比46%，户外工具、露营装备和户外鞋靴分别占比20%、17%和12%，专业户外运动装备和户外休闲家具仅占3%和2%。

克劳锐指数研究院发布的《品牌社交营销系列研究：户外篇》显示，户外服装是各圈层必买的品类，潜力群与浅玩家以消费户外服装为主，深度玩家更注重户外配饰与户外药品。在社交平台的分享内容中，露营、垂钓、跑步等轻运动内容最热，飞盘、溯溪等户外休闲娱乐活动成户外新秀。微博、小红书等社交平台多为种草内容，多以着装穿搭等内容为主。在短视频平台，户外内容更加偏向于出行攻略。微博的户外内容以休闲娱乐类型互动为主，露营、音乐节、网球等时尚潮流的户外类型更加突出。综合各大平台的户外内容来看，潮流与娱乐化的户外内容是品牌链接年轻群体的关键营销力量。

蛤蟆先生去看心理医生

"如果你要更好地理解自己,就需要跟自己的情绪做联结,并理解这些情绪。如果你否认它们,不论是用无视还是压抑的方式,结果都像是做了截肢,就如身体的重要部位被切掉了一样,你在某种程度上成了一个残缺的人。"这是《蛤蟆先生去看心理医生》一书中广为人知的名句。这本图书由剑桥大学毕业的心理学研究者罗伯特·戴博德创作,以童话故事的形式讲述了在蛤蟆先生抑郁后,通过身边朋友的帮助去进行心理治疗的过程。这本书在英国已经畅销了20年,2020年引入我国后,常年盘踞畅销书的宝座,销售数量高达几百万册。这本现象级畅销书的巨大成功反映出大家渴望了解自己的心理,寻求心灵疗愈的强烈愿望。

如今,抑郁症或抑郁情绪正在困扰大家。一方面,人们渴望情绪疗愈;但另一方面,绝大多数的人并不想进行心理咨询。引发抑郁症的原因很多,例如,情绪压力、家庭亲子关系、亲密关系和职业发展[1]。《中国国民心理健康发展报告（2019～2020）》提到，成年人抑郁风险检出率为10.6%，即每100人中就有近11人有抑郁问题。18～24岁人群的心理健康指数明显低于其他年龄段人群。在面对心理问题时，约七成的调查对象选择自我调节，旅行、"发疯"、阅读、冥想都属于自我调节范畴。

《2022 bilibili青年心理健康报告》显示，2021年9月—2022年9月，有约9776万人在B站学习心理健康知识，76%为24岁及以下人群。B站心理健康相关视频播放量超76亿次，与心理健康相关的话题搜索量达9930万。在情绪词搜索量中，"抑郁"超520万次，"焦虑"超410万次，"压力"超327万次。

情绪病与身体疾病不同，大多数情绪病需要依托医生强大的理论知识和实践经验，通过和患者的交流、观察来进行治疗。很多有情绪问题的人害怕心理治疗，除了有病耻感，担心费用贵、医生不靠谱也是主要原因。目前，有情绪病和心理问题的人群有70%通过心理类公众号获取抑郁疾病知识，有44%通过B站、微博、小红书等网络社交平台[2]获取抑郁疾病知识。

目前，我国每百万人口中仅有20人能提供心理健康服

---

[1] 抑郁研究所、人民日报健康客户端等联合发布的《2022年国民抑郁症蓝皮书》。
[2] 抑郁研究所、人民日报健康客户端等联合发布的《2022年国民抑郁症蓝皮书》。

务，而美国是每百万人口中就有 1000 人能提供此类服务，相差了 50 倍。中国心理健康市场预估将会有 30 倍以上的成长空间。[1]

快速增长的心理健康服务的需求和市场的供给之间的不平衡催生了一个新的心理咨询赛道——数字心理健康服务。最近几年，不少企业选择不同的切入点来推动行业数字化建设进程，探索针对传统心理健康服务的供需不平衡、付费意愿低、服务标准化低、效果难量化等痛点的解决方案。据 Venfied Market Research 预测，2020—2028 年期间，全球在线心理治疗市场规模的复合年均增长率高达 31.8%。一项调查也显示，有 92% 的被调查者愿意在网上接受心理咨询和治疗。

根据前瞻产业研究院统计，目前，我国的数字心理健康服务市场企业数量较多，但大多数规模较小，专业性不高。从市场竞争梯队来看，主要有三个梯队。第一梯队主要为头部互联网科技企业布局互联网医院，结合线上线下资源，提供在线心理咨询、在线处方等全流程心理诊疗服务，代表性企业如平安好医生、阿里健康等；第二梯队为数字心理健康领域独角兽企业，如好心情、壹点灵等专业心理咨询平台，这类平台拥有较多专业心理咨询师、心理医师等资源，具有较高知名度；第三梯队为其他中小型数

---

[1] 抑郁研究所、人民日报健康客户端等联合发布的《2022 年国民抑郁症蓝皮书》。

字心理健康服务企业，主要产品为小型心理健康应用，但这类企业的研发能力较弱，用户基数小，竞争力相对较差。

就现状来看，无论是线下资源还是线上资源，专业心理咨询仍是求过于供。数字心理健康服务的壁垒一般，发展潜力较高，没有地域和时间限制，隐私性较好，接受度更高。现在市场上已经有一批数字健康服务企业，但是这类企业在市场上属于初期发展阶段，竞争程度不高，加之市场推广力度不足，创新数字疗法、数字化产品尚有极大的提升空间。

相关链接

华经产业研究院数据显示，2017—2020年，我国心理咨询业市场规模分别为334.5亿元、377.1亿元、406亿元和480.4亿元，增速分别为12.74%、7.66%和18.33%。

中国科学院院士陆林在《科创中国·院士开讲》第十期中给出一组数据，新冠疫情给全球增加了7000万抑郁症患者，9000万焦虑症患者，数亿人出现失眠问题。世界卫生组织近期发布的一份报告也显示，在新冠疫情的第一年，全球焦虑症和抑郁症的发病率大幅增加了25%。

成年人爱的Jellycat

"孩子玩太幼稚，年轻人玩刚刚好！"从迪士尼的玲娜贝儿、星黛露，到草莓熊、Jellycat，这些不算便宜的毛绒玩具让年轻人爱不释手。不瞒您说，即使是我这样的中年人，在Jellycat面前也毫无招架之力。

最初，Jellycat的定位是婴幼儿玩具，到了2014年，正式将定位转变为面向全年龄段的高端礼品品牌。2018年，Jellycat新增年轻人中人气极高的趣味系列，这个系列的玩具都有一双小眼睛和一副微笑嘴，其中"表情包茄总""水煮蛋""带花盆的芦荟""水仙花"都是热销产品。

在IP为主的毛绒玩具市场中，Jellycat以创意突围。2021年，Jellycat在天猫旗舰店的销售额超过1亿元，同比增长47.1%，位居毛绒玩具品类销售额第一位。

Jellycat受到成年人的喜爱，与情绪疗愈天然绑定。在成长过程中，谁没有一个毛茸茸的安抚玩具呢？心理学家唐纳德·温尼科特把毛绒玩具称作"过渡物件"，它帮助孩子慢慢离开关照者、走向独立。随着年龄增长，这个

"过渡物件"对于成年人来说看似不再需要，但实际上仍对其有依赖和安全情感需求。当成年人面临焦虑、压力、孤独时，毛绒玩具就会被想起，成为某些人缓解压力、排解情绪的工具。也有心理学家用"Kidult"来解释这一现象，即成年人和孩子之间的界限逐渐模糊，长大成人后继续渴望获得没有年龄限制的正向情绪，毛绒玩具让人们可以用最简单的手段单方面去索取情绪价值，从心理上重获小时候的自由和快乐。

Jellycat除了小动物，茄子、香蕉、牛油果、樱桃等蔬菜和水果也被赋予拟人化的性格，最大化地发挥出其柔软、治愈的产品属性，疗愈了年轻人的孤独情绪。同时，Jellycat与其他有漫画、动画支撑的IP相比，没有故事反而给了人们分享和创造的动力，更具有社交潜力。因为与其他的毛绒玩具相比，用户赋予Jellycat的想象力能带来互动，创造话题，找到同好，并在自己的创作中得到快乐。在抖音、小红书上，不少网友甚至把自己的玩具当"娃"或家人，不仅和它们一起睡觉、聊天，给它们洗澡，还晒出自己的"育儿笔记"。配合Jellycat特有的表情包，这些毛绒玩具既能带来复购，也能增加品牌黏性。此外，Jellycat推出新品的频率很高，每个产品还会推出挂件、摆件、包包，且都有不同的尺寸。这样做，可以让人们很容易从入门款试水，当个人持续得到正反馈后，就会产生进一步购买的欲望。

很多年轻人还会把这些毛绒玩具当"搭子"。海底捞为独自用餐人士放毛绒玩具作"搭子"的做法就是典型例子。在Jellycat的消费者中，把玩具当"学习搭子""工作搭子""开车搭子"的人不在少数。他们在疗愈自我的过程中，也乐于和其他人建立连接。例如，豆瓣上的"戒断Jellycat互助组"小组至今已有6万多成员，他们名义上为"戒断"，实际上以分享自己的"战利品"为乐，尤其是Jellycat的隐藏款、难抢的断货款，他们通过分享体验到了愉悦的正向情绪价值。还有爱好手作的网友开始为这些毛绒玩具制作帽子、围巾并在网上售卖，这也不失为一条"生财之道"。

除了网友"自来水"安利，Jellycat也很会营销。它们在纽约开了一家"Jellycat Diner"的主题快餐店。如果消费者购买比萨、汉堡、热狗或者塔可的毛绒玩具，店员就会一本正经地给你外带盒，贴上定制贴纸。当我在微博看到这家店的图片时，一点都不疑惑为什么这个系列的快餐毛绒玩具会在国内热销了。

除了寄托安全感、归属感的毛绒玩具，盲盒、卡游、拼插积木类玩具同样被成年人追捧。

| 相关链接 |

NPD集团发布的《2022全球玩具市场趋势洞察》显示，与许多其他品类在新冠疫情期间的巨大增长和新冠疫情后

的销售大幅下降不同，全球玩具市场继续表现并保持稳定的较高的销售水平。截至2022年9月，在NPD集团追踪的12个全球市场中，玩具行业销售额同比增长了2%，达到367亿美元。与新冠疫情前2019年的283亿美元相比，销售收入增长30%。聚焦细分类目，毛绒玩具继续主导玩具品类的增长，从2022年初至11月，销售收入涨幅为32%。

睡觉是个大问题

凡是失眠过的人都知道睡眠质量好对成年人有多重要。我曾经11点上床，闭着眼睛躺到凌晨3点仍睡不着，最后只能起床看电视酝酿睡意。我的朋友半夜睡不着会开车出去吃夜宵。最让我想不到的是我的健身教练。本以为保持运动习惯的人会睡得更好，但她告诉我，近一年来，她因为失眠问题已经去了四五次医院，甚至还有半夜挂急诊的经历。无奈的是，医生并没有解决她的失眠问题，她自己也怕吃安眠药产生依赖性而不敢吃。

根据世界卫生组织统计，全球睡眠障碍率达27%，已成为全球第二常见的精神障碍。几乎每3人中就有1人存在睡眠问题，每10人中就有1人符合失眠的正式诊断标准。据美国《福布斯》杂志报道，尽管美国每年投入在睡眠辅助设备上的资金高达650亿美元，但仍然有5000万～7000万的人患有睡眠障碍，甚至有更多的人正在承受睡眠不足对身体和大脑造成的伤害。

《2022中国职场青年睡眠质量报告》显示，在我国，超五成职场青年每天晚上12点之后才睡觉，甚至有13%

的人熬到次日凌晨 2 点后才入睡。《中国睡眠研究报告 2023》显示，我国失眠人群高达 38.2%，其中，最喜欢熬夜的人群大多集中在一、二线城市。一线城市的睡眠质量最差，平均睡眠时间仅为 7 小时，是不同线级城市中最少的；每月平均失眠天数达 4.7 天，是所有城市中最多的。近七成受访者表示，失眠主要是因为"压力山大"，"卷"到睡不着。国家卫健委在《健康中国行动（2019—2030 年）》中提到，将失眠现患率和成人每日平均睡眠时间（小时）纳入健康中国行动指标，推行睡眠健康已成为健康中国行动的重要内容。

对于饱受失眠、焦虑困扰的人群来说，如果不吃药就能拯救睡眠那最好不过了。在巨大需求下，"睡眠经济"应声而起。

深夜最受欢迎的助眠方式包括颂钵、冥想和白噪声。受很多人喜欢的颂钵，仿佛是一剂治疗失眠的"解药"。与颂钵有异曲同工之妙的还有芳香疗法，即借助植物的香气，调节生理机能与情绪，恢复身心平衡，帮助入睡。据一位在线下接受声音疗愈的消费者描述："疗愈师会通过颂钵、手碟、雨棒、风铃等工具，模拟大自然的声音，引导身体逐渐放松下来，这些声音的画面感很强，让人有种在藏传佛教寺院漫步、聆听梵音的感觉，整个过程在 10 分钟左右，整个人就入睡了。"

除了声音助眠，还有不少年轻人在社交媒体上追看睡眠训练。其中，快速入睡的方法、睡眠姿势、睡眠训练、睡眠恢复是他们最想了解的内容。在B站上，一个名为"我只用了一分钟，就让你们昏昏欲睡"的视频获得了超600万的播放量；"失眠速进！如何在2分钟内睡成死猪？"则超过700万的播放量。不清楚网友们看了这些视频后的入睡效果如何，但在后一个视频的1万多条评论中，大部分网友都在分享自己与失眠作斗争的经历。

当然，中医养生和保健药也在"失眠界"拥有一席之地。在成都，有一家名为成都自在睡觉医药科技发展有限公司，它是由一位知名中医师创立，通过中医的手段帮助人们睡个好觉。在自在睡觉小程序中，它所售卖的商品包括盘香、枕头、艾条、足浴饼等促进睡眠的商品。我的一位大学师姐在国内某头部医药企业工作，据说这两年卖得最好的产品是一款主打补肾健脑、养血安神的助眠保健药。在推拿馆和中医馆，睡眠调理套餐同样很受大家的欢迎，这些套餐的价格从几十元到几百元不等。

除了助眠工具，床垫、枕头等寝具也开始往如何让人们睡个好觉的方向发展。对于床垫，我有深刻的体验。在一次出行入住某家酒店时，我觉得他们的床垫非常舒服，躺在床垫上可以一扫过去外出就失眠的困扰。于是，我上网搜了一下，发现这家酒店还有专门的床垫定制服务，价格在1万元起步。在某明星离婚的新闻中，意外获益的海丝腾（瑞典手工床具品牌）的床垫也让普通人知道了原来一张床垫可以比一套房子还贵。海丝腾的宣传语非常吸引人："我们创造的不是豪华床具，而是无价的睡眠质量。"

　　睡眠数字疗法作为传统治疗的补充被应用到助眠领域，人工智能、虚拟现实等新兴技术也将进一步促进睡眠数字疗法产品的创新。例如，澳大利亚皇家墨尔本理工大学的艺术家和研究人员推出助眠的虚拟现实工具——睡眠诱导设备（Inter-Dream），旨在帮助人们获得高质量的睡眠。这款设备结合了虚拟现实、万花筒视觉、手动控制的环境音乐和互动床，通过脑电波控制环境音乐与视觉效果，并利用VR技术来呈现如万花筒般的视觉效果，能为每个人量身定制独有的入眠环境，帮助用户调节心理状态，从而促进入睡。研究表明，使用睡眠诱导设备后，测试者的消极情绪减少了21%，恐惧情绪减少了51%，平静的感觉增加了13%。

相关链接

　　"面对高压社会，我们唯一的方法就是不断发掘各种稀奇古怪的解压方式。"这是在豆瓣上，创立于2020年7月的"解压方式研究会"小组所写的一句介绍语。截至2024年4月，这个小组已经拥有2万多名成员。纵观这几年中外流行的疗愈法，的确都千奇百怪，而其中呈现出来的各种类型的解压方式，就是对"解压方式研究会"小组的标语的最好解读："不断发掘各种稀奇古怪的解压方式。"

2023年,TikTok平台上,一个制作睡前饮品的视频的浏览量破亿。这款流行的睡前饮品被称为"sleepy girl mocktail"(瞌睡女孩无酒精鸡尾酒)。也有不少TikTok用户将这款睡前饮品称为"一夜好眠的神药"。

2022年,《日经Trendy》发布的2022年最佳热门产品排行榜前30中,排名第一的是造成空前热销的Yakult(养乐多)1000/Y1000,名称里的"1000"指的是乳酸菌含量多达1000亿,乳酸菌对于改善肠胃、纾解压力,以及提升睡眠质量,都有相当不错的功效。

最省事的疗愈方法非看疗愈类视频莫属。无论哪个平台,疗愈类视频都广受欢迎。除了洗地毯、洗玩具等视频,玩具开箱、胶带球切割、史莱姆助眠等与疗愈、解压相关的视频不仅数量众多,观看者也极多。

触感疗愈,比如"抱树疗法"引发年轻人跟风。千瓜数据显示,2023年第二季度小红书平台上的与"抱树"相关的笔记比2023年第一季度的阅读总量增长了670.47%,互动总量增长874.47%。"抱树疗法"起源于北欧,被称为"拥抱医生"的临床心理学家斯通·克劳沙尔博士在《拥抱疗法》一书中写到,"抱树"有助于提高体内催产素的水平,它是一种与幸福感、快乐感、平静感和信任感等情绪体验息息相关的激素。

如果在路上、公园里看到匍匐爬行的人千万别慌,这是年轻群体中流行的"爬行健身"。"爬行健身"除了可以缓解腰椎压力、增强核心力量、增强肢体协调性，还是减轻压力和缓解焦虑情绪的方式。

　　一家研发制造智能化漂浮舱的工厂的主管表示，新冠疫情前，他们每个月的订单量在 10～20 台之间。新冠疫情开始后，漂浮舱的订单量翻倍增长，与之对应的是漂浮馆数量的增加。所谓漂浮，就是把自己放入一个盛满温水盐溶液的密封舱里，这些温水盐溶液的浮力非常高，人躺在里面会自然而然地处于一种放松的漂浮状态。当漂浮舱的舱盖合上后，舱内非常安静，身处其中的人可以体验到入定般的催眠状态从而缓解压力和焦虑，让负面情绪得到释放。目前这类漂浮服务主要集中在一线城市，用户以青少年居多。

第五章

在疗愈经济中掘金

如果你不开心,那么,能变得开心的唯一办法是开心地坐直身体,并装作很开心的样子说话及行动。

——威廉·詹姆斯

在风口下创业需谨慎

全球疗愈经济迅猛增长，××成为情绪价值的核心驱动力之一，××疗愈赛道成为市场关注的风口之一。

小投入，却能撬动万亿级"疗愈消费"的新物种出现了！

疗愈经济是新商业大势，疗愈定位是××行业未来发展的好方向。

很适合普通人的暴利经济——情绪经济。

适合女性创业的疗愈赛道——来照抄×国模式。

随手一搜，这些让人热血沸腾的文案随处可见，想创业的你还坐得住吗？资本家摩拳擦掌，普通人蠢蠢欲动，都誓要在这个风口分上一杯羹。但你先别激动，比你早看到这些文案的人可能已经被割了一波韭菜了。就像所有的流行经济一样，疗愈经济的江湖并不平静。为情绪而生的疗愈经济先天带有以下这些特点。

疗愈体验个人化

疗愈是寻求对自我感受的重塑,用户特别强调自己对产品和服务的感受。对他们来说,有时,情绪价值甚至超过功能价值。"幸福的家庭都是相似的,不幸的家庭各有各的不幸。"疗愈本身就是个人化体验,每个人的烦恼不同,背景经历不同,被疗愈的点也各有差异。

消费者的个人化体验会带来正负两方面的影响。一方面,个人化体验给了更多人机会,只要你在某个方面做得足够深入,能够直抵消费者的痛点,就能得到回报;另一方面,个人化体验造成赛道分散,存在不可控的变化。正如一位业内人士所说,当疗愈变成网红赛道,大家执着于变现,就会乱象频出。不专业和以"吸金"为导向的服务和产品就可能让消费者蒙受损失,影响整个行业的发展。例如,"学霸猫"用物质享乐代替精神追求的做法最后导致崩盘,就是活生生的教训。

最后,疗愈的个人化体验也需要具备更深刻的用户洞察。柳传志、张瑞敏这些企业家之所以创业成功,是因为他们满足了市场的需求——市场需要什么,我生产什么。现在的创业者需要明白,市场商品已经过剩,消费者的情绪是企业突围的一种方式,能够创造有情绪价值的商品和服务才更有市场。

"Z世代"作为数字时代原住民,他们的消费呈现出精于信息、按需获取、渴望连接、偏好游戏等特征。"Z世代"还是现实主义者，对产品溢价很敏感。例如，近两年，钟薛高（雪糕品牌）的高价策略失灵就是很好的佐证。以健身为例，不同年龄、不同性别的消费者的健身目的不同。除了强身健体和放松解压的核心需求，女性消费者更愿意以塑形为目的去健身，男性消费者则是为挑战自我去健身，高收入人群则为了增强自信和社交属性去健身。如果你在进入某个赛道前，对目标消费者没有深刻的洞察，只是照搬和模仿，这样就很难成功。

趋势变化快

为什么很多人在疗愈赛道中赚了钱，甚至赚了大钱，但你进入后却一直在亏钱？疗愈经济的风口是否已经过了？

1966年，美国经济学家弗农提出著名的产品生命周期理论[1]。疗愈经济同样存在生命周期，尤其是它的主要消费群体是与以往世代不同的"Z世代"。正如一位资深研究者所说："在过去十年间，我们打磨出来一套关于千禧一代的用户策略，但对'Z世代'根本不起作用。"2021年，露营火出圈，很多没有任何经验、对露营也不了解的创业者赶紧往这个渠道冲，但没想到一夜之间，"Z世代"很

---

[1] 产品生命周期，亦称"商品生命周期"。一般分为导入（进入）期、成长期、成熟（饱和）期、衰退（衰落）期四个阶段。

快转向到新的注意点，露营变得"过气"，只留下一地鸡毛给创业者。

有研究称，"Z世代"的注意力只有8秒钟，他们变化得太快，想要进行疗愈创业的人需谨慎。创业者要想抓住疗愈风口，请先深入了解"Z世代"的喜怒哀乐，他们关心什么、喜欢什么、为什么焦虑、讨厌哪些行为、会为什么买单？了解完这些，即便"Z世代"变得再快，你也能从根本出发，抓住盈利的方法。寻找疗愈内容要抓住两个底层要素：一是情感在前。太理智的人做不了疗愈事业。二是关注个体。很多人喜欢关注宏大的场景，但疗愈经济需要关注具体的人。

最后提醒一点，作为需要疗愈的个体，消费者需求的确强烈。但如果给他们提供疗愈产品和服务的人本身不是以疗愈为目的而是以商业为出发点，最终可能得不偿失。有人说，在疗愈行业最能变现的不是某某赛道，而是某某疗愈师证书。通过动辄上万的课程就能换来一张证书，拿着证书换身装束就开始执业，渴望一夜暴富。这种"双向奔赴"最终伤害的只能是消费者和整个行业。

疗愈新趋势

以情绪疗愈为支撑的疗愈经济受生理、心理、社会行为等多种因素的影响。消费者的疗愈消费更多是受情绪价值的主导。疗愈消费是身心灵恢复的过程。疗愈消费的各种赛道此消彼长。对于想在疗愈经济中赚钱的创业者来说,需要注意消费者的情绪和疗愈风向的变化。

消费者对于缓解压力、减轻焦虑、获取情感支持的需求,推动了健康、养生、休闲等相关产业的发展。在传统疗愈经济中,细分的赛道如健身、美容、酒吧、宠物等,已自成规模,接近全链路产业体系。创业者想现在进入这些赛道,不仅要有后发者的优势,还要有新的消费者痛点,这对个人的要求很高,难度大。因此,不妨将眼光放在新的、个性化的赛道上,如怀旧疗愈、感官疗愈、孤独疗愈、VR 与人工智能、虚拟商品。

怀旧疗愈

这两年,我对怀旧最直观的感受就是以往被视为亚文化的汉服突然"闯入"普通人的衣橱。"新中式"穿搭、

"国潮风"美甲在社交媒体上蔚然成风。天猫新生活研究所 2023 年 3 月的数据显示,天猫上"新中式风"的商品成交额同比增长超 50%,市场规模达 10 亿级别。

日本作家三浦展在《第四消费时代》一书中总结"第四消费时代"的特征时,提到一个词——创费——为创造自己的生活方式而消费。这一代人逐渐从崇尚时尚、奢侈品过渡到回归内心,地方传统特色、本土化逐渐受到重视。在我国,目前,大家对这一倾向的表现为对"新中式"、地方特色的追捧和对童年事物的怀念。

与过去不太接地气的汉服相比,现在流行的"新中式"穿搭更贴近日常,现代服装与古代服装的混搭甚至成为一种新的流行。人们戏称这是"血脉觉醒",其实,这是人们通过自我审美达到自我实现。毫不意外,2024 年春节期间,"新中式"穿搭成了我身边很多人拜年的"行头",越来越多人开始对中国传统美学表示欣赏。

除了服饰,观夏同样凭借"新中式"的设计和理念促使年轻人从文化认同到文化自信,进而带来精神层面的共鸣。这个国产香氛品牌的"顶流"通过"新中式"香氛的形式与国外香氛奢侈品牌形成市场区隔,用中式风格俘获年轻人的心,表达出自己的个性。

好利来(食品专营连锁品牌)在品牌成立 30 周年推出 9.9 元老式奶油蛋糕,让其重焕生机。在很多城市街头出现的怀旧零食铺中,也摆满了各种童年味道的零食。老实说,零食好不好吃并不重要，重要的是回忆无价。

热播影视剧也是怀旧风的催化剂。2024年之际，"泼天的富贵"轮到上海。《繁花》这部电视剧在开播前并不被大家看好，然而播出后却引发了巨大反响。被情绪裹挟的人们慷慨解囊，竞相购买剧中同款商品。与此同时，从事旅游业的商家顺势推出价格从100元到1000元不等的"繁花CityWalk"旅游线路。

感官疗愈

彩通（Pantone Inc.）是一家因专门开发和研究色彩而闻名全球的机构，它每年公布的流行色决定了这一年在衣服、配饰、家庭装饰上最时髦的颜色是什么。对比这几年的彩通流行色，我们不难发现，从2019年的活珊瑚橘、2020年的经典蓝、2021年的极致灰和亮丽黄到2022年的长春花蓝、2023年的洋红色、2024年的绒桃色，颜色从亮丽到灰暗，再重回温暖，从中折射出人们内心渴望得到安慰、疗愈。

春夏"多巴胺"，秋冬"美拉德"。品牌和样式不再是流行服饰的决胜之道。年轻人更沉迷简单、直接的疗愈效果。因此，通过挖掘"五感"消费，也许能创造不一样的流行。

视觉：多以自然景观和疗愈色彩为主，例如，参观博物馆、艺术馆、去大自然中放松身心。

听觉：通过疗效音乐、大自然的声音来达到疗愈效果，比如听轻松的音乐、雨声、海浪声等。

嗅觉：气味与情绪、记忆具有较强关联性，香氛、香薰、香水的作用已经从嗅觉享受转变为情绪疗愈。

味觉：味觉不仅可以感知入口的食物，还直接影响人的食欲和情绪。刺激性食物能让人转移焦虑；零食能让人放松心情；健康食物能让人身体健康。

触觉：按摩、美容是令人沉迷的触觉疗愈方式。通过触摸和按摩等手法，能够刺激人的神经系统，促使身体释放内源性的镇定物质，从而达到解压和缓解焦虑的作用。手工制作在某种程度上也算是触觉疗愈。近两年，除了陶艺，手工玩具、手工簇绒、手工食物等逐渐成为年轻人的疗愈新宠。

孤独疗愈

单身经济催生出孤独疗愈。三浦展在《孤独社会》一书中提到，在日本即将到来的消费时代中，孤独，会成为很多人长期面对的慢性问题。目前，中国还未达到这一阶段，但众多的单身人士的确感觉很孤独，他们需要慰藉。

在孤独社会中，将享受孤独和排解孤独作为营销点都能给商家带来商机。国金证券研究创新中心发布的《人设与陪伴经济学：如何排解95后的孤独和焦虑》显示，"95

后"~"05后"是富足的一代，也是孤独而焦虑的一代。他们乐于接受社交角色扮演；他们需要陪伴，最好是App上的陪伴；他们频繁使用已经被中年人遗忘的QQ，建立了封闭文化圈。这一代的年轻人没有自己的家庭，同学、同事关系比较淡薄，更不存在街坊邻里关系；总而言之，他们是"原子化的个体"。

毫无疑问，孤独疗愈将在未来大受欢迎。"95后"身为潜力消费者，需要的疗愈分为两种，一种是享受孤独，一种是排解孤独。享受孤独包括一人食、迷你K歌、"它经济"、社交游戏、虚拟娱乐；排解孤独则带来了陪伴经济的兴起，比如，陪跑、陪玩、陪聊。中国青年报社社会调查中心针对青年群体进行调查，发现有超过半数的受访青年体验过陪伴服务，其中，37.2%的受访青年体验过游戏陪玩，34.8%的受访青年消费过陪跑、陪健身，30.6%的受访青年体验过陪聊服务。预计在2025年左右，陪伴经济的市场规模将达400亿元~500亿元左右[①]。

VR与人工智能

2013年，日本发明家高桥智隆发明出一个叫Robi的智能疗愈系机器人，并在日本全球首发。它具有治愈的呆萌外表，具备语音识别能力，会跳舞、唱歌、打开电视。

[①] 数据来自国金证券研究创新中心发布的《人设与陪伴经济学：如何排解95后的孤独和焦虑》。

它还会说一口流利的中文，可以理解大约250句会话、说650句以上的句子，能够与人们进行日常情境互动对话。高智能及互动性使得Robi与众不同，人们认为它的出现预示着机器人陪伴人类共同生活的日子终于到来。

随着人工智能的发展日新月异，一些科技公司开始推出新型人工智能聊天机器人，提供批量化聊天服务。2023年5月，Inflection AI（人工智能公司）发布了一款人工智能聊天机器人Pi，它被认为具有强大的共情能力，展现出其他人工智能聊天机器人不具备的情感理解能力。Pi在发布后，迅速得到了市场的认可，累计使用人数超百万。在我国，2023年6月，中国科学院心理研究所和腾讯科技（深圳）有限公司申请的"一种基于人工智能的心理咨询/会话系统及其方法"专利获得授权。这项专利可以让使用者有更接近于和真人心理咨询师对话的感觉，并通过与人工智能机器人对话，使用者可以获得心理咨询建议。

除了相对专业的心理咨询，休闲类人工智能聊天机器人也获得很好的反响。2016年，Luka公司推出人工智能聊天机器人Replika，这是一款用户可以自定义AI的虚拟形象，用户可以赋予它情绪并塑造专属的人物形象，这款机器人为人们带来新的陪伴。

伴随VR和人工智能的发展，各类数字疗法、情绪反馈放松训练系统、虚拟疗愈环境研究等也有了很大的发展。

虚拟商品

"考试前求神拜佛，不如买个'爱因斯坦的脑子'"。这款"爱因斯坦的脑子"不仅是淘宝的畅销产品，还数次登上淘宝热搜榜单。

据媒体报道，销售"爱因斯坦的脑子"是一位来自河北邢台的"00后"小伙张建茜。除了销售"爱因斯坦的脑子"，他还卖爆了另一款虚拟商品"七夕孤寡青蛙"服务。服务内容是买家指定自己的某个朋友为服务对象，店主会加这些朋友的微信，然后通过模仿"七夕青蛙"的叫声来履约，之所以叫"孤寡青蛙"只因青蛙的叫声似"孤寡"。张建茜的店里还有一款爆款商品——虚拟蚊子，他给蚊子设置了分类，有"农村哞哞蚊（专咬大包）""爱心小花蚊（专咬小包）""非洲进口蚊（一口吸五斤血）"等，价格在 0.3～0.7 元不等。买家购买后，给店主发送指定服务对象的 QQ 账号或微信号。店主添加指定服务对象后，会持续向他们发送模拟蚊子振翅的"嗡嗡"声，有时还配套相关的视频或表情包。消费者出价越高，嗡的时间就越长。买家们也在评论区"发疯"，不少人表示"发货当天就被咬了""这蚊子太猛，有贫血的不建议购买"。

看到这里，你也许理解了年轻人的脑回路，他们的"即时满足"的情绪需求非常强烈。在疗愈经济领域，这些年轻的创业者用自己的灵感创造出新的疗愈模式。他们和自己的同龄人一样，拥有同样的烦恼和焦虑，于是他们把这些焦虑转化为一种简单但有效的赚钱方式——提供情绪价值。那些需要情绪纾解的消费者不过就是需要在某些脆弱的瞬间能大哭一场或者在情绪低落时能会心一笑。这些商品和服务看似无厘头，却需要创业者具有强烈的共情能力、观察力和想象力。

"Z世代"的情绪往往不会在现实中向亲人朋友倾吐，他们更愿意在社交媒体上向陌生人倾诉，甚至购买"情绪树洞"服务。在淘宝上，这类"情绪树洞"服务包括在线聊天、连麦、语音安慰、感情咨询等。在一家售卖"情绪树洞"服务的店铺中，产品月销量达1000＋，评价最多的句子是"陪聊人的声音很好听，让我感到被治愈"。2023年，一部现象级爆款电影《消失的她》在年轻人中掀起热潮。淘宝上，多家店铺售卖的"骂醒恋爱脑"服务跟随电影的热度应运而生。

不是心理咨询做不起，而是虚拟商品更具性价比。相较于昂贵的时间成本、金钱成本的专业心理疗愈，越来越多的年轻人开始花几毛钱购买虚拟商品，他们享受的就是一瞬间的心理慰藉。对创业者来说，虚拟商品这条个性化的赛道是一项不错的选择。

情绪维生素

脑科学中一种观点认为，情绪会引发神经递质（比如多巴胺、血清素和儿茶酚胺）的释放和重新摄取，这些化学物质在神经元之间传递信息。不同的情绪状态下，大脑中的神经递质水平会有所变化，进而调节神经元的活动。例如，高兴和快乐时，多巴胺的释放会增加，不仅让人感觉愉悦和满足，还能增强记忆和学习能力；焦虑和紧张时，会增加肾上腺素和皮质醇等应激激素的分泌，导致心跳加快、呼吸加速和肌肉绷紧。此外，情绪还能影响大脑中的突触可塑性，也就是神经元之间的连接强度和效率。情绪的变化可以调节突触可塑性，从而影响信息传递和学习。

为了舒缓情绪，人们开始关注各类维生素的作用，例如，有利于促进睡眠、舒缓情绪的氨基酸维生素 C，减轻抑郁、焦虑的维生素 B，以及从各类植物中提取有效成分制成的维生素片。新冠疫情后，人们对情绪健康的消费需求增加，与情绪相关的功能性食品配料受到追捧。欧睿国际数据显示，2017 年至 2022 年期间，全球膳食补充剂复合年均增长率为 5.1%，主要增长集中在情绪健康领域（11.5%）。

伴随情绪健康消费需求的增加，情绪健康功能食品市场的需求也在增加。凯爱瑞联合罗兰贝格发布的《未来营养趋势白皮书》显示，目前，全球营养健康消费品市场规模已达约 12000 亿元人民币，其中，亚洲市场规模超 5000 亿元人民币，中国市场约占亚洲市场的 50%，并且增速最快。

总之，创业者如果要站在疗愈经济的风口，记得与年轻人同频，构建圈层、重视情绪价值和科技发展。

▏相关链接▕

Zenfulnote 是一个美国的书籍品牌，前文提过的在 Tiktok 小店上热销的《阴影工作日志：拥抱并超越你的阴影自我》就出自该品牌。Zenfulnote 的图书致力于帮助人们探索隐藏的心灵与自我，对生活常怀感恩。简单来说，就是通过图书进行疗愈。除了图书，Zenfulnote 还出品各种日记本和作业本，帮助人们通过认知行为治疗汲取自愈力量。

一些国家对宠物替代陪伴的产品和服务进行创新，如开展"情感支持动物（ESA）"认证；颁布降低住房、旅行对宠物的限制的相关规定等。针对空闲时间有限的消费者，提供宠物租赁服务和智能机器宠物，为其提供相应的疗愈支持。

还有一些国家提供多样的线下社交场所。例如，在日本，咖啡洗衣店就是在洗衣等待的同时提供咖啡服务。目前，这类店铺已经向社交方向发展。很多人不是去咖啡洗衣店洗衣服，而是去那里工作、做家务活，甚至跳舞开派对。在欧美许多国家，有的官方机构会推行社会处方，通过在全科诊所引入社区支持人员，以社交互动活动来替代心理问题的临床治疗。最特别的是芬兰旅游局，它会定期组织心灵疗愈主题的陌生人社交旅行。

普通人如何通过疗愈经济进行创业

从实物消费到情绪消费,人们在商品价值之外越来越看重情绪价值和个性化体验。人们希望通过消费来满足自己的情绪需求。正因为情绪消费个性化的特点,也给了很多普通人通过疗愈产品和疗愈服务创业的机会。

如果普通人没有创业经验和自身优势(专业、资金),不建议一上来就创业,可以从副业起步,既减少沉没成本,也看看自己是否适合通过疗愈来创业。现在很多大学生创业就是从疗愈经济的赛道起步的,疗愈经济赛道可以分为以下几类赛道。

虚拟商品

前文分享过的虚拟商品类,就很适合普通人进行"轻创业",重点是能找到年轻人的疗愈痛点,并推出相应的产品。

疗愈视频

如果你有制作视频的经验,可以尝试通过疗愈视频来变现。例如，疗愈玩具测评、新的疗愈方式、宠物疗愈等。一个视频可以分发到多个账号进行测试，在积累了一定粉丝量后，通过带货或广告植入都能带来收入。目前，刷短视频是普通人喜欢的解压方式之一，只要视频能为人们缓解情绪、释放压力，带来心理满足，就有机会变现。

疗愈音频

与疗愈视频类似，疗愈音频也可以在音视频网站上通过点击量获得收入。如果你本身具备良好的声音条件：甜美、圆润、亲切，做音频和声音直播都能变现。如果你热爱音乐，成为一名疗愈音乐人也是一项不错的选择。

表情包制作

制作契合年轻人精神状态的"发疯"表情包，这类变现方式包括打赏、定制等。

跟拍或旅拍服务

目前，在国内很多名胜景点都有特色服装租赁店，我就曾拜倒在敦煌的飞天造型和泉州的簪花造型下，跟随这些店铺兴起的还有跟拍服务和旅拍服务。《湖南日报》报道，在河南省洛阳市洛邑古城，这类店铺有的月流水超60万，跟拍师能月入两万。

除了以上几类赛道，还可以从身心灵角度结合自己的专长考虑以下赛道：

身：瑜伽、普拉提、芳香疗法、食疗、颂钵、中医。

心：心理学、冥想。

灵：佛学、塔罗、占星、八卦。

此外，疗愈经济还可能催生出一些新岗位，比如，解压类产品的研发、设计、制造师等。

总之，疗愈的背后蕴藏着巨大的"疗愈经济"富矿，而内容、产品、服务、体验平台及科技工具是挖掘这座富矿的铁锹。

疗愈经济下的产品思路

消费在很大程度上源于情绪。如何抓住消费者的情绪，提供消费者需要的产品是所有企业都在思索的问题。近几年，消费者更谨慎地捂紧了自己的钱包。一方面，预算成为他们购买商品时的重点考虑因素；另一方面，他们也更青睐高品质的产品。问题来了，我们应该如何打开这些"该省省，该花花"，追求高性价比的消费者的钱包呢？答案是提供他们需要的情绪价值。

食品行业

烘焙，尤其是蛋糕类甜品天生具有疗愈属性，再加上精美的造型，从视觉、味觉都能给人带来愉悦感。我家附近有不少烘焙品牌，比如，安德鲁森、85℃、元祖、好利来、爱达乐。从生存现状来看，好利来和爱达乐是生意较好的，尤其是好利来，我家附近至少有三家门店。在我的记忆里，好利来曾经因为售卖价值千元的黑天鹅蛋糕而为人熟知。好利来不仅舍得在黑天鹅蛋糕的原材料上下成本，还在销售过程中非常注重仪式感，情绪价值提供到位。最终，这一款黑天鹅蛋糕成为好利来利用情绪价值转型最成功的烘焙品牌。

2024 年 1 月底，不少年轻的朋友开始在朋友圈晒一只"花头巾雪宝"，它是好利来新推出的甜品，售价 29 元。有一说一，我被萌到了。即使健身教练让我拒绝甜品，我依然想买一个回来。不为别的，只是想买一个"花头巾雪宝"在家放着。有人说好利来太会做营销了，用"花头巾雪宝"蹭到"尔滨"的流量。在我看来，这根本就是好利来的常规操作。

好利来的年轻化之路应该是从半熟芝士蛋糕开始的。2015 年，半熟芝士蛋糕横空出世，到了 2018 年，半熟芝士蛋糕的销量已经超过 1 亿枚。除了乌龙蜜桃蛋糕、奥利奥蛋糕等创新口味，好利来先后与 Line、哈利·波特、草莓熊等当红 IP 合作推出联名商品，让喜欢这些 IP 的粉丝有了非买不可的理由。据不完全统计，好利来的限定联名款多达十几个，因此，它也被称为"联名狂魔"。比如，2022 年夏天，《国王排名》动画片在成年人中大热。同年 9 月，"好利来 × 国王排名"就推出国王芝士蛋糕和国王排名蛋糕；2024 年初，"尔滨"旅游刚兴起不到 1 个月，好利来就推出"花头巾雪宝"，甚至在闲鱼（闲置交易平台 App）上，好利来的很多限量纸袋卖到了一线大牌纸袋的价格。

好利来除了实体店面装修得年轻化，它在社交媒体上的表现同样令人刮目相看。除了常规的商品带货分享，接班人罗昊与罗成亲自"下场"。哥哥罗昊上综艺吸引大家的目光，弟弟罗成通过打造"社恐老板"人设在抖音收割流量。他们的精明之处在于并没有强行推销商品，而是通过打造人设吸引大家的关注，再制造话题将品牌的亲民形象深植于年轻人心中。

家居行业

家是最好的疗愈场所。完成一天的工作后，最希望的就是在属于自己的小窝中得到疗愈。前些年很流行出租屋爆改，这背后揭示了年轻人对专属私密空间的渴望。

曾经问过身边年轻人的装修喜好，有的年轻人希望有专属的影音游戏空间；有的年轻人希望有健身房；有的年轻人希望有专门的宠物玩耍路线。与传统装修的客厅、卧室、厨房相比，年轻人更渴望在家里拥有一块自己的情感"避难所"，例如，根据休闲、娱乐、社交、健身的需求，影音室、茶室、露台、健身室、猫房等多元新兴空间崛起，宠物窝、跑步机、家庭影院等商品关注度大幅增长。

同时，厨房也不再只是承担烹饪功能，还承担着创造生活仪式感和成就感的重任。在人们的刻板印象中，在厨房里做饭就是很闷热、油烟很大，这也许是很多人心中的"温馨"回忆。但对于我来说，干净、整洁、舒适、方便的厨房才是真正需要的。因此，除了高效能油烟机，厨房空调可以算是消费痛点。不仅如此，让制作美食变得更简单的各类高颜值家电、清洁用品同样具有热销的潜力。

除了家居空间的变化，人们还喜欢精致、舒适的家居用品。某些具有仪式感的家居用品，例如，舒适、助眠的床上用品，解放双手的扫地机、洗碗机，花瓶、鲜花、香薰，甚至观察宠物的摄像头都是让人感到放松的好物。

看过综艺《最强大脑》的观众一定记得"水哥"王昱珩，我曾看过他上蔡康永的节目介绍自己亲手设计的家，是"热带雨林＋水族馆"的风格。这种自然系又趣味十足的家肯定是很多自然爱好者的"梦中情房"。据说，王昱珩凭借自己这手"绝活"，帮助了不少机构做空间设计。让爱好变成职业，这是多少人的梦想。我身边的两位朋友分别在做水族箱设计和园艺设计，他们原本只是把它们当作副业，没想到来找他们设计的人越来越多，后来竟变成了主业。

除了空间设计，园艺设计也越来越热门。在"水泥森林"的世界里，人们除了节假日接触自然，也渴望在家里建一座"桃花源"，因此园艺疗愈自然受到人们的青睐。在心理治疗中，园艺也是一种治疗方法，人们通过"伺候"花花草草，能释放生活中的紧张、压力，舒缓情绪。不说别的，单想到家里四季常青、桃李争妍的场景就很让人愉悦了。成都有一个知名的园艺品牌——海蒂的花园，它不仅是一家线上店铺，还在成都郊区创建了"海蒂和噜噜的花园"的花卉基地。它提供的种苗以适合家庭种植的四季花草为主，如绣球、草莓、月季等。周末，一家人可以一起去"海蒂和噜噜的花园"种植，释放生活中的压力。

其实，无论什么行业，只要是与个人相关的，都应该考虑一个问题：你的产品是否具备情绪价值？

陪伴，是情绪价值的重要组成部分。大家是如何使用智能音箱的？我的一位朋友把智能音箱当成自己的办公"小伙伴"——在枯燥工作时，能给他带来欢乐。这和很多人与苹果手机的"Siri"（苹果语音助手）聊天及在地图语音导航中选择明星的声音有异曲同工的效果，他们更多地把产品当作陪伴工具。除了陪伴类产品，猫咖、狗咖、动物园，甚至直播都可以被视为陪伴类产品，比如，董宇辉、董洁、伊能静都因为给观众提供了情绪价值而赚得盆满钵满。

有人说："现在人们不是不消费，而是把钱花在让自己开心的地方。"增加产品的情绪价值是未来产品在创新的时候应该加入的因素，通过产品中的情绪价值来调动消费者的温暖情绪、疗愈情绪，再绑定到自己的产品、品牌或者空间去，从而让消费者产生购买的欲望，这将是一种新的消费驱动力。

《天龙八部》中让段誉夜不能寐的"神仙姐姐"不是王语嫣，而是一尊玉像。为什么一尊玉像比真人还迷人？金庸是这么写道："这玉像与生人一般大小，身上一件淡黄色绸衫微微颤动；更奇的是一对眸子莹然有光，神采飞扬。"未来，我们做产品亦是如此，产品的功能、性价比是表面，那一对"莹然有光的眸子"——能给消费者提供情绪价值，是让产品更有魅力的关键。产品设计要从关注产品本身转变为关注消费者，尤其是关注消费者想在产品中获得的情绪价值。通过产品与情绪之间的转换，实现产品升级。这种转换既可能是产品的颜值升级，也可能是感官心智的变化，例如，产品与当下流行的"怀旧风"绑定，或是针对特定圈层开发特定的产品。

不少品牌在做产品时急功近利，他们追求的是快速赚钱而不是为消费者提供更好的产品体验。那些扎堆开店又扎堆倒闭的中式糕点店就是例证。大同小异的产品、营销方式在注意力只有8秒的"Z世代"心中的确不能做过多停留。我在逛家附近的商场时，看到不少想主打情绪的品牌，例如，一家名叫"Crying Center"的服饰店，听名字似乎有帮助年轻人释放压力、缓解焦虑的感觉，但从服饰设计和装修风格看，与其他潮牌品牌的设计并没有什么区别。

"谁占领了用户情绪，谁就占领了用户钱包。"做到这句话有两个前提：第一，持续输出情绪价值；第二，找到自己产品的情绪定位。目前，很多新品牌开始采用DTC模式，通过先进的大数据技术，他们更容易发掘消费者的情绪点，实现对消费者的精确洞察和定位。

> 相关链接

为消费者提供快乐的产品

早在 1972 年，美国学者托伯（Tauber）深入研究了消费者的购物动机，发现消费者除购买所需的商品之外，消遣、自我愉悦、感官刺激、体验消费者地位和权威等皆为重要原因。这类感性消费者注重在消费时的情感体验和人际互动，并以个人喜好作为决策标准，对商品的情绪价值的重视胜过功能价值。

"2022 中国现代消费发展指数"调查显示，面对"花钱消费，您认为'悦己'重要，还是'悦人'更重要？"问题时，选择"悦己"重要的受访者占比 31%。

研发让消费者快乐的产品，可以考虑以下三种变现模式。

①打造平台产品。可以考虑打造疗愈平台并邀请有关品牌或人员入驻。例如，心理咨询平台好心情邀请众多心理医生入驻，提供心理咨询服务；运动平台 Keep 提供健身服务，并由此开发出用户需要的各类健身产品。

②打造产品生态圈。即在现有产品的基础上开发相关产品。例如，经过几十年发展，已经形成分类明确的香氛生态圈。以场景为例，有家居和车载的自用香氛，也有在门店等公共区域使用的商用香氛；以产品为例，有香水、

香薰、洗护用品、护肤用品等。

③产品价值链。即从经营业务链条入手,梳理和改善每一个关键节点,通过关键节点赋能增值价值链,为产品增添实用价值与情绪价值。例如,OPPO手机在北京打造的"耳朵疗愈馆"是为了推荐自己的降噪耳机。通过场景打造,体验者可以在"耳朵疗愈馆"里沉浸式体验降噪对解压和放松的重要性。在降噪体验区,OPPO用"打工人的反感语录"来模拟职场上的高压环境,然后用比较轻松、疗愈的视频内容,帮助体验者获得视觉和听觉上的双重疗愈。经过这次体验,体验者基本上就能知道自己是否能够适应降噪耳机,以及应该选择什么样的降噪耳机。

疗愈情绪下的品牌价值

为什么现在很多品牌动不动就"翻车"？除了质量差、价格高昂，缺乏情绪价值也是重要原因之一。

对比产品的功能价值，情绪价值能够增加品牌价值和用户黏性。

伴随市场竞争加剧，产品和服务同质化严重，能率先通过情绪破局的产品和企业一定更有机会。在职场竞争和都市生活的双重压力下，一、二线城市的年轻人产生的巨大空虚感、焦虑感、紧张感都需要通过某些方式得到排解。能够提供慰藉感、消解孤独感的疗愈产品和服务应运而生、蓬勃发展，这也给品牌创新及年轻化带来了弯道超车的机会。

品牌定位

观察这一届年轻人可以发现，他们在消费时会跳出产品本身，从品牌这种更宏观的角度来审视产品。例如，他们在消费决策时，会更多地考虑品牌的概念、价值观，尤其是品牌的价值观与个人的价值观是否吻合。

最近几年，传统文化是新的流行趋势。年轻人认同民族文化的同时，也会对品牌的价值观是否和自己的价值观一致有执念，他们更乐意为符合自己价值观的品牌"打call"。

近几年，某些做法"双标"的品牌就遭到年轻人的抵制。例如，阿迪达斯的"新疆棉"事件虽然已经过去了五年，但其公布了2022年的营收数据，在中国的营收下跌36%；同样，还有迪奥的"马面裙"抄袭事件。2023年，马面裙迎来了爆发式的销售增长，因为越来越多人发现，马面裙可以与现代服饰结合进行日常穿搭，这与马面裙的传承性与实用性密不可分。过去在中国备受礼遇的知名品牌频频折戟，这证明了一件事：这一届年轻人很在乎品牌的价值观与自己的价值观是否相符，他们需要品牌对在地文化的情感认同。

2023年，花西子"翻车"事件引发的国货抢购潮同样反映出情绪消费的巨大威力。不得不说，其他国产品牌很会抓住消费者的情绪，例如，鸿星尔克的直播间里，主播用蜂花洗发水洗头，直播间背景放着白象、云南白药、娃哈哈等品牌的产品；蜂花的直播间里放着鸿星尔克的运动鞋；汇源果汁的直播间里，主播在喝蜜雪冰城；郁美净为了赶上国货抢购潮的热度，董事长主动在直播间里汇报工作，让更多的消费者看见他们的努力；活力二八临时组织三位"老人"直播，一场直播下来，卖出了超二十万袋洗衣液；红卫牌肥皂的董事长为了证明其肥皂安全无添加，直接在直播间里咬了一口肥皂并喝了一口矿泉水。

2023年，还有用女性做擦边营销的品牌"翻车"。例如，五个女博士的广告被网友质疑制造容貌焦虑、年龄焦虑，侮辱女性；知名螺蛳粉品牌好欢螺也因涉嫌拿女性开涮引发网友的投诉。随着女性力量的崛起，那些用刻板印象污名化或嘲讽女性的品牌屡遭诟病。相反，那些尊重女性、具备人文关怀的品牌收获了大量的好评。国货美妆品牌悠珂思（Ukiss），继2021年发起"是红妆，亦是武妆"公益活动，捐出上千支临期口红以呼吁女孩用这些临期口红涂掉身边的捐卵广告。2023年，悠珂思将视角转移到留守女童身上，通过公益纪录片呼吁人们关注和参与守护花蕾"向阳的你"公益行动，呼吁更多的人为留守儿童撑伞。此次公益行动在微博评论区一片叫好，很多网友表示"很难不支持"。个护品牌摇滚动物园发起"你不必是一朵花，你可以是＿＿＿＿"的填空活动，鼓励女性打破偏见，勇敢做自己。与老品牌相比，新锐品牌更愿意通过情绪打破消费者的壁垒，增加品牌价值。

从消费者的心理角度来看，人们只会记住那些与众不同、打动人心的品牌，他们被品牌打动的一瞬间可以构成最直接的印象——眼缘。同时，品牌还可以主动创造品牌符号，通过在品牌符号中加入情绪价值加深消费者的印象。

对品牌来说，单纯蹭流量和热度的一次性情绪营销不具有持续性，还可能因为情绪把握不当而"翻车"，品牌的持续发展需要深层、稳定、持续地输出情绪价值。很多品牌搭上情绪价值的快车却适得其反的原因，很大程度上是因为通过营销手段制造出来的情绪价值与产品或服务本身脱钩。

品牌年轻化

疗愈需求让品牌有了新的发展方向和调性，也催生出新的消费业态，其中一个很明显的消费现象就是年轻的消费者越来越注重颜值，虽然他们的审美有单一化的倾向，但这也给了品牌发挥的空间。例如，米老鼠在经济大萧条时期给当时的美国人带来精神力量，也曾被认为是美国经济起死回生的吉祥物。出生于新冠疫情时期的玲娜贝儿可谓是出道即巅峰。这只凭空出现的小狐狸凭借萌系颜值和元气搞怪的个性俘获大批成年"妈粉"，也让上海迪士尼门庭若市。很多"打工人"表示，下班路上刷刷玲娜贝儿"上班"的视频，瞬间就被治愈，恢复元气。这反映出当前的情绪疗愈密码：颜值高、风格萌、吸引女性消费者、正面、元气。

在品牌年轻化的过程中，特别忌讳"蹭热度"心态，年轻人喜欢的是与自己价值相同或相近的理念，更重要的是这些理念有事实支撑。很多品牌把企业文化仅仅当作一次营销，一方面大做慈善，一方面说加班是福报，显然无法赢得好感。再看胖东来，这个河南本地超市品牌屡次登上热搜正是因为其提供的产品和服务与品牌宣传价值一致。例如胖东来规定，每周二无特殊情况必须闭店，保证员工的休息权；每周只能工作 40 个小时，每天 6 点前必须下班，同时员工工资是当地职工工资的两倍左右；每年的利润有九成分给员工。在这样的企业文化影响下，顾客能受到超乎寻常的礼遇也就不足为奇。同时，都是打工人的顾客也更能与品牌产生共情。

与消费者建立连接

年轻人在消费时会为爱买单，他们更注重自己的体验感受而非品牌传递的价值观。"我不要你觉得，我要我觉得"是他们的消费哲学。

曾几何时，一个定位、一个概念、一个网红，铺天盖地的广告就能迅速俘获消费者，使得产品销量噌噌地往上升。如今高高在上的品牌已经无法取得消费者的信任，消费者更渴望深入地、平等地与品牌对话，甚至共创品牌，而非接受品牌贩卖的某种价值观。消费者正在通过热门社交平台来展示自己的创造力，从消费者的视角来评价品牌的产品，从而创造有价值的内容。从品牌的被动接受者转变为品牌的主动参与者和传播者，帮助品牌改进产品甚至创造新产品、新内容、新生态。

以小米为例，它算是通过情绪塑造品牌的国货鼻祖。

小米凭借粉丝营销，在短短几年间迅速崛起。2013年7月，小米联合QQ空间发布首款红米手机，并宣布红米手机将在QQ空间进行独家首发。开放预约页面仅半小时内，QQ空间的预约用户数量突破100万。6年后，小米与抖音联合发布战略级新品并同步发布全新的独立品牌红米Redmi，以及全球首个抖音快闪店。小米作为给年轻人使用的品牌，年轻人在哪里，小米就在哪里；年轻人需要什么，小米就做什么。雷军最为人津津乐道的事情就是在小米起步那几年，他亲自下场和用户聊天。

从小米角度，他们是在了解用户，发掘市场机会；从用户角度，是他们托起了小米，伴随这个品牌逐渐地发展壮大，这是一个平等、友善的共创过程。

消费者也可以重塑品牌。2021年7月，河南郑州"7·20"特大暴雨，鸿星尔克在连年亏损的情况下，宣布向受灾区捐赠5000万元物资。一时之间，鸿星尔克的"破产式捐款"冲上热搜，网友纷纷留言"你自己都快破产了还捐这么多！"于是，网友对鸿星尔克的"野性消费"行动便开始了，主打一个"只要你敢捐，我就敢野性消费！"大家因为爱国情绪，将鸿星尔克推上了"国货之光"的位置。

难怪有位企业家说："过去，我们费尽心思去挖掘畅销商品得到的效果可能还比不上当下的情绪性商品，比如黄桃罐头，虽然由此引发的抢购潮缺乏一定的内在逻辑，但它确实成了当下的硬通货。所以，谁能够捕捉情绪性商品的趋势，谁就有机会获得更多红利。"

《2023中国消费者洞察报告》显示，当下消费者正主动参与品牌共创，并通过社交平台进行放大，以实现与品牌的双向互动。72%的受访者表示会对自己参与创造的产品充满成就感，51.6%的受访者认为"品牌与消费者互动，建立直接联系"会促进其对产品的购买。消费者喜欢更有趣、更有亲和力、更有温度、更有"梗"的品牌，愿意与积极互动甚至共创的品牌建立更稳固、更和谐的情感纽带。

相关链接

打造带有情绪价值的品牌

1. 正能量是最可靠的情绪价值

鸿星尔克的爆火是因为企业的善举成功地激发了人们的爱国情绪，也提升了人们对鸿星尔克的好感度和亲切感，消费者愿意用自己的方式回馈它，因此，形成了一个情绪价值驱动消费的闭环。

正能量的情绪能够引发大众的共鸣，例如，参加或者举办公益性的活动，也是一种传递正能量的情绪的重要手段。

2. 社群提供社交价值

第一次看到具有社群性质的酒馆，是在玉林市的一条小路上。这家装修醒目、取名"跳海"的酒馆主打提供情绪价值，营销费用接近于0元，并且不走低价引流，单杯啤酒均价在70元左右。我后来才知道，原来"跳海"在多个城市都有布局，每到一个城市，就找一帮价值观相近的年轻人一起用有意思的内容聚集更多志同道合的人。从装饰到文案，"跳海"的风格都很文艺。比如，在吧台上放填字卡，为好友、情侣提供一个互动载体；开启一篇小说续写，让每个人都能把情感落于笔端。"跳海"对店里调酒师的要求是要像在家招待朋友一样招待客人，让酒馆有人情味。

以某项服务为媒介，提供空间，为年轻人提供社交场所，这是情绪消费的新业态模式。

3. 集合一群有情绪价值的品牌

对于有明确情绪定位的商业体来说，可以引入有态度、有梗的品牌店铺，通过消费者的痛点、痒点、关注点来表达整个商业体的情绪取向。

文和友是一家在长沙爆红的网红美食集合店。它和长沙的网红奶茶店——茶颜悦色一样曾是打造疗愈品牌的佼佼者。文和友在长沙寻找了十多万件旧物搭建出20世纪80年代市井生活社区，打造出一个具有体验感和场所感的"文化博物馆"，里面融合餐饮、文化、休闲娱乐和住宿等多种业态。毫无疑问，这股怀旧风不仅给文和友带来了巨大的成功，还孵化出了众多品牌，成为很多商家竞相模仿的对象。但是不与当地消费者形成情绪沟通、存在文化差异，只是照搬这个商业模式显然是行不通的。这也是为什么文和友在广州、深圳开设分店会倒闭的重要原因。

还有，来自上海的一家解压的杂货店——Unpop Store，店铺里的商品都是设计师对日常生活中一些微场景、微情绪的观察，再通过诙谐幽默的方式呈现出来。因为贴近生活，所以年轻人看到这些商品就感到疗愈。

4. 疗愈性IP

给品牌赋予疗愈性IP是时下流行的方式。好的IP自带情绪价值，互动性高、社交属性强。冰墩墩、可达鸭、草莓熊、LINE FRIENDS……这些让人卸下防备的萌系IP能让品牌更有吸引力和亲和力。

打造情绪标签

想到迪士尼，就会想起快乐的童年；想到开心麻花，嘴角就不由自主地上扬；想到茶百道，奶茶的甜蜜味道就开始在口腔里弥漫……

行为心理学的代表人物约翰·沃森认为："消费者是否买一件商品，与广告的内容是否符合客观事实没有任何关系，那些广告中描述产品功能的方向是完全错误的。消费者被广告影响，购买商品，完全是因为广告带给他们的情绪刺激，在广告面前人不是理性的，而是感性的。"把广告换成品牌，如果服务对象是年轻人，你的企业是否有情绪标签？能否让年轻人一听到就能产生愉悦的情绪，带来感性的情绪刺激？

家附近的万象城是我经常去逛的商场。与太古里、春熙路，甚至更近的滨江天街相比，商场中间的绿植装饰和开阔的空间让我感觉很放松。尤其是冬天放晴的时候，我会到这里逛一逛，坐在长椅上晒晒太阳，再顺道吃个饭，这让我感到非常惬意。我至今还记得插画师 Cristina Alonso 在万象城举办的展览：悬挂于商场外墙的蓝紫色花朵与中庭的花海相映成趣，让整座商场自带仙气，前来欣赏的人们很多。事实证明，万象城的商业战略极其成功，数据显示，2023年，万象城的销售额达到60亿元，位列2023年成都商业第3名。

在被认为是营销人的必读图书《引爆点：如何引发流行》中，作者马尔科姆·格拉德威尔提出了流行三法则：个别人物法则、附着力因素法则和环境威力法则，三者缺一不可。个别人物法则是指在信息传播和流行趋势中起关键作用的一小部分人，比如，联络员、内行人员和推销员。附着力因素法则是指信息或商品是否流行与其"黏合度"（即吸引力）密切相关。环境威力法则是指消费者深受自己周围环境和周围人格的影响。营销人员在社会通路容量极限之内，通过掌握外部环境的细小改变，就可以直接引爆一场流行风潮。

流行三法则同样适用于打造情绪标签。这个情绪标签不是凭空而来，而是要仔细研究目标消费者，了解他们的情绪痛点或情绪爽点。

打造情绪标签的逻辑：

定义目标消费者—定义情绪痛点或情绪爽点—定义场景—定义内容。

对于品牌来说，打造情绪标签是一种"降本增效"的方式。如果你的产品没有突出的优势，要从众多的竞品中脱颖而出，往往需要花费很多精力和金钱，通过打造情绪标签，抓住情绪痛点或情绪爽点，为消费者提供不一样的情绪价值，是一种成效快的方式。更进一步地说，打造情绪标签往往还会把消费行为变为某种大众认同的流行，带来更持久、更正向的情绪愉悦。

被认同。"我们无法通过智力去影响别人，情感却能做到这一点。"在《认同感：用故事包装事实的艺术》的作者吉姆·西诺雷利看来，经过情感故事包装过的事实，会以洪流般的势头迅速打开人们的心门，进而极大程度地影响人们的心理走势。无数研究都已证明，人们更需要的是被认同而不是被教育。

认同感指人对自我及周围环境有用或有价值的判断和评估。由于种种原因，年轻人往往在现实中得不到认同感，他们转而上网寻找和自己志同道合的人。如果你的产品和服务能够让年轻人在场景中感受到价值认同和情感呼应，给他们带来正反馈，让他们感觉舒适，就能激起他们的消费欲望。

想要获得消费者的认同，这就要求品牌有态度、有温度、有个性，不随波逐流，有自己的情绪符号，能够精准地为消费者的某种情绪输出稳定的情绪价值。例如，成都的鹤鸣茶社被看作体验成都松弛感的打卡地。对于来成都旅游的游客来说，鹤鸣茶社不仅有自然风光，还有老式藤椅，再加上提供各项的传统服务，设置名人打卡处等，消费者来这里会主观地认为自己能获得更好的疗愈效果。

被尊重。"仪式感就是使某一天与其他日子不同，使某一时刻与其他时刻不同。"当生活处于千篇一律的机械模式，谁都渴望用一点小小的仪式感来让平凡的生活发光。比如，生日时的蛋糕、结婚时的钻戒，虽然这些都被视为消费主义的陷阱，但它们的确能给人们带来笑容。

品牌可以在自己的产品或服务中加入仪式感，包括氛围营造、独特体验、个性化服务等。法国餐厅的仪式感被很多私房菜馆效仿，例如，摆盘、讲解、上菜的顺序。现在流行的集章、禅茶、抄经，以及去成都大熊猫繁育研究基地一定要戴上熊猫发饰，这些都充满了仪式感。早在2017年，蛋糕品牌熊猫不走便意识到仪式感背后的商机，推出"线上下单＋创意配送的运营模式"，身穿熊猫服的员工送出蛋糕后，还会现场进行舞蹈表演、魔术表演并送上祝福。数据显示，2017年，熊猫不走仅用了4个月的时间就成为区域行业第一名、复购率第一名。

被娱乐。"娱乐存在于生活之中，并创造了生活的风貌。"娱乐本身就能给人们带来巨大的情绪价值，这也是游戏、游乐园长盛不衰的原因。很多时候不要给娱乐太多负担，单纯地笑一笑就很解压。

你在网上一定看到过一只"熊猫"每天不是在被人追，就是在被人打的视频，它其实是无锡一家商场用来拉流量的熊猫玩偶——帅帅。抢保洁阿姨干活用的扫把、抢蜜雪冰城的漂亮雪王、抢外卖小哥的外卖……这只被大家称为

"全网最调皮的熊猫",不仅成功地引起网友的注意,还带动了商场的人气。

为什么看似不起眼的人笑着就把商品卖了?不是他们的口才有多好,而是他们制造了恰到好处的氛围。不知道多少人和我一样,会在看综艺节目或网剧的时候被小剧场里的商品广告给吸引住,因为此时的我还沉浸在欢乐或紧张的气氛里,一点也不反感小剧场里的商品广告。

被满足。"人们从自己的虚荣心得到满足中,获取极大的喜悦。"要说把人性看得透彻的还得是叔本华老师。很多东西让人一时感到非常喜欢,并不是说这个东西有多好,而是它在适当的时候以某种适当的方式满足了人们的情绪,让人们觉得开心和满足。

以成都商业界的奇迹——伊藤洋华堂为例。这家零售商以高端定位的精品百货和商超,扎根成都二十余年。只要你进入伊藤洋华堂,自然而然能感受到服务的细节。这里不仅提供免费的母婴室、饮水机、婴儿推车、自助打包袋,还提供梳妆台、吹风机和免费租赁雨伞的服务。即使不买东西也能在这里坐很久,也没人来驱赶。这也是为什么即使是节省的老年人也愿意来这里消费的原因。

做有情绪的品牌并不是去生硬模仿,而是具备洞察人性的同理心,具有强大的共情能力、洞察力和细节再造能力,通过差异化竞争来满足消费者的情绪价值。

很多时候消费者是非理性的。只有将情感融入品牌中,才能与消费者产生更深层次的情感共鸣。

在直播中获得疗愈

说到直播，很多人的第一反应可能是在抖音或快手上直播。但说到我心中的疗愈直播，非小红书莫属。被小红书定义为"买手电商"的直播中，诞生了章小蕙、伊能静、董洁等"翻红"明星。没有吵闹的氛围和时刻催人下单的背景音乐，这里的氛围更像是一个老朋友向你娓娓道来。虽然小红书在变现道路上一直走得艰难，但凭借章小蕙单场直播销售额过亿元、伊能静单场直播销售额为5000万元、董洁双十一直播销售额为1.9亿元，它的直播之路在城市女性中走得还算顺遂。

章小蕙的直播间叫"玫瑰是玫瑰"，与其说她是在讲产品，还不如说她通过讲产品来向大家分享她多年的时尚经历和艺术知识启蒙。比如，她形容香水："晨曦微露，明亮的佛手柑和柑橘香调，常春藤叶丛中玫瑰花蕾初开，白本基底，让我觉醒的明媚芬芳，是一天美好的开始。"

在章小蕙的直播间，"贵妇"们下单往往不需要"321，上链接"，还没介绍完就直接秒空。即使不下单，听她温柔地讲解也算是一次放松的体验。

伊能静把自己的直播间定位在疗愈。在直播主题为"一个人的房间"的直播中,伊能静说:"当代女性都应该有一个独属自己的空间用来更好地爱自己。"伊能静的直播选品也非常精准,护肤、精油、香水、家居,这些具有疗愈性的商品非常符合女性渴望变得更好的期望。伊能静的直播间同样没有嘈杂的背景音乐和大喊大叫的主持人,通过"慢直播"带来"快收益"。伊能静在直播间讲产品的时候,偶尔会说几句让人感到治愈的句子,比如,"把自我配得感提高,当你可以把自己照顾好,你就会变得很温柔、变得很坦然,因为你有支配自己的能力""越是在你生命中与你双向奔赴的人,你越要心怀感恩,我希望在有生之年把我的感谢和爱都表达出去"。

董洁的直播间被称为"一股清流",因为她的直播间只有一面镜子、一个盆栽、一张沙发和简单的装饰,让观众觉得温馨和亲切。董洁直播间里的产品没有什么价格优势,很多女性愿意看她的直播有两个原因。一是因为董洁说话具有亲和力,在卖服装饰品时,她会亲自上身示范穿搭;讲小个子的服饰搭配原则、服装适用场合;讲首饰的擦洗、存放及使用率;介绍如何防露底,不同类型的衣服如何搭配等,帮助用户提高决策效率。二是她身上的传奇经历,从低谷重新开始,让女性感受到逆风翻盘的疗愈力量。

从直播中获得疗愈,从疗愈中获得效益,这三位女性是如何做到的？用情绪价值包装"贵"。"贵"是价格感受，情绪价值是心理满足。当顾客觉得产品价格偏高时，三位女性往往会用一个自己的故事经历做范例。表示自己的东西有贵的，也有便宜的，主要是它们都是有意义又值得珍惜的产品。

她们在讲产品时，往往更注重产品之外的价值，例如，章小蕙讲眼影盘仿佛让你上了一堂艺术课；伊能静讲睡衣、香水时，输出让人感到治愈的话。同时，她们充分发挥了魅力女性的特质，妆容合宜、言笑晏晏，让人感受不到侵略性，就像一个老朋友一样向你娓娓道来。独特的故事性、场景塑造和带有疗愈情绪的语言恐怕除了我这种"久经沙场"的人才能拒绝"诱惑"。

情绪疗愈是营销利器

说到东野圭吾,你最先想到的是《解忧杂货店》还是《白夜行》?我身边大多数朋友都会选择前者,因为它不同于传统推理悬疑小说,而是以情绪疗愈为主线的小说。

每隔几年,营销界总能创造出新的营销方式。从病毒营销、种草营销、焦虑营销再到 H2H 营销。其实无论哪种营销方式,无非是将痛点聚焦在消费者的情绪上,然后通过某种方式刺激消费者购买。"现代营销学之父"菲利普·科特勒把自己的中文版新书《H2H 营销:开创体营销新纪元》首发式放在小红书上,这与小红书的种草方法论极其吻合。

所谓"H2H 营销",就是强调品牌需要更加关注消费者的需求和反馈。而传统的营销模式往往只关注流量和转化率。菲利普·科特勒提倡企业应该从关注流量转向关注人,深入了解消费者的需求和偏好,实现更精准的营销,他说过:"以商品为载体,为消费者构建优质的场景并引导其体验,让他们获得感官享受和情感共鸣,从而吸引用户的注意力、获得他们的价值认同和归属。最终目的是给消费者留下独具特色的产品或品牌印象，获得更多的产品或品牌溢价。"菲利普·科特勒还在第七届企业家校长节中，提到 4P 理论[①]的中的"4P"，还需增加"3P"：人（People）、过程（Process）和有形展示（Physical evidence）。在提及体验营销时，菲利普·科特勒提到了星巴克，他认为，星巴克提供了一种独特的咖啡体验，但我们不妨看看星巴克在中国的对手——瑞幸咖啡（以下简称"瑞幸"）如何利用情绪绝处逢生。

2023 年，堪称瑞幸的幸运年，凭借众多的联名合作推出一款又一款的爆款咖啡，尤其是与茅台联名的"酱香拿铁"成功占领了所有人的朋友圈。

大家一想到咖啡和酒，第一感觉就是味道重。它们都能增加多巴胺的分泌，影响人的情绪。贵州茅台作为中国最著名的白酒品牌之一，其 53 度飞天茅台酒的价格要上千元，而添加了飞天茅台酒的"酱香拿铁"只要 19.9 元。不要 999 元，不要 99 元，只要 19.9 元就能尝到添加有茅台酒的"酱香拿铁"，即使平时不喝咖啡的中老年人也忍不住想尝个鲜；即使对白酒完全不感兴趣的年轻人也会因为好奇喝一杯。它既能带来满足感、炫耀感，也能带来参与感，带来社交狂欢。

2023 年 9 月 5 日，瑞幸官方微博发布消息，"酱香拿

[①] 4P理论，是指产品（Product）、价格（Price）、渠道（Place）、推广（Promotion）。

铁"首日销量突破 542 万+，首日销售额破 1 亿元。两大知名品牌的强强联手，给消费者带来了全新的体验。

再看看我从小嗑到大的洽洽香瓜子。心理学上有一个心理学术语——"瓜子效应"，它描述的是人们在做事时希望得到即时的回馈和成就感，从而激励自己不断进步的现象。嗑一颗瓜子只需几秒钟的时间，就可以得到瓜子好吃的即时反馈，让人感觉愉悦。洽洽香瓜子最聪明的地方就是把情绪框定到自己的品牌里，凭借"压力大，嗑洽洽"这个话题在很短时间内便火出圈，与年轻人产生情感共鸣。此外，"压力大"与"嗑洽洽"是一个主动过程，带来的是积极正面的情感连接（健康、休闲、快乐），如果改为"变开心，嗑洽洽"则是强行推销，难以和年轻人产生情感连接。除了营销出圈，洽洽还及时更新产品的口味以满足年轻人的喜好，例如，增加了海盐味、咖啡味、番茄味、蜂蜜黄油味，成功做到产品年轻化。

利用情绪疗愈的营销方式而火出圈，除了被大家熟知的泡泡玛特的盲盒，还有一个让年轻人痴迷的情绪营销赢家——游戏卡。这类游戏卡有个专有名词叫"一番赏"，它是以动漫、游戏 IP 为核心开发的抽赏类产品，产品涵盖手办、文具、杂货等多种类别。我在成都看到不少家线下游戏卡实体店。

先普及一下"抽赏"的概念，就是通过抽游戏卡来获得奖励，这些奖励都是以动漫 IP 产品作为奖品。这些游戏卡通常分为许多个系列，每个主题系列有 60～100 张，抽一次的价格大约在几十元。与我们小时候买方便面集卡一样，这些游戏卡在年轻人心中既是收藏品、竞技品，还是充满欲望的满足品。他们买游戏卡与集盲盒一样，会反复购买游戏卡从而凑齐一套，也会通过在圈层中换卡来达到目的。凑齐一套游戏卡将带来巨大的优越感、满足感、成就感。游戏卡不仅让年轻人感到满足，还为商家带来了巨额利润。2024 年初，游戏卡界的王者——卡游，就向香港交易所递交了招股书，拟在主板上市。

总之，利用情绪疗愈的营销，没有生搬硬套的公式，需要根据宏观和微观的变化从而进行创造性地发展，但万变不离其宗：如果你调动不了消费者的情绪或者让他们不能释放情绪，那么你的产品或服务就会被遗忘。

科技助力疗愈经济的未来

在人工智能的热潮下，人工智能心理咨询、"VR + AR"技术、数字疗法都已经出现并开始进入应用阶段。人工智能作为一种强大的计算工具和分析工具，在疗愈经济中，提供了巨大的想象空间。例如，人工智能能够通过分析大量的临床数据和基因组数据，为用户提供个性化的疗愈方案。换句话说，就是人工智能能随时随地地成为你的专属心理医生。同时，它还可以通过智能穿戴设备和移动应用程序，实时监测和分析个人的健康和情绪数据，为用户提供个性化的情绪管理建议。

"VR + AR"技术让很多研究者开始开发虚拟的疗愈环境[①]。已有研究证实，疗愈环境在促进积极情绪、恢复注意力、缓解压力、改善认知能力等方面起到积极作用。在此基础上，多个研究团队探究了有关虚拟的疗愈环境的恢复性效益。例如，Felnhofer等发现利用虚拟的公园场景可有效诱导出受试者的快乐、悲伤和焦虑等情绪；

---

① 虚拟的疗愈环境，是指以虚拟现实（VR）技术、增强现实（AR）技术等为媒介所呈现对人身心健康有益的疗愈内容。这些疗愈内容主要以视觉刺激为主，并伴随适当的听觉、嗅觉及其他感官刺激。

Pallavicini 等发现高沉浸度的数字 VR 游戏能促进幸福感提升，并有效缓解精神压力[①]。2024 年初，苹果 Vision Pro 上市，这款头戴式"空间计算"显示设备带来了相当前卫的交互体验。也许在不久的将来，还会有类似的虚拟疗愈环境产品问世。

数字疗法是一种数字化治疗方式，由软件程序驱动，基于循证医学证据的干预方案，主要用于预防、管理或治疗疾病。一方面，数字疗法作为传统治疗的补充，可以弥补在治疗场景、时间以及用户依从性上的不足。另一方面，在政策的支持下，数字疗法将进一步扩宽适应证、针对不同阶段的症状的研发更精细化。人工智能、虚拟现实等新兴技术也将进一步促进数字疗法产品的创新，让未来的情绪疗愈更有针对性，更能发挥效果。

与此同时，数字疗法在治疗失眠领域也有了极大进展，Somryst® 是 Pear Therapeutics 公司旗下的产品，也是目前唯一被美国食品药物管理局批准治疗睡眠障碍的数字疗法，旨在通过向 22 岁及以上的慢性失眠患者提供神经行为干预（失眠认知行为疗法——CBT-I）来改善失眠症状。它的治疗方式是直接帮助患者训练自己的大脑神经和睡眠思维，从而帮助患者改变睡眠方式并养成良好的睡眠习惯。

芝兰健康则是在中国用数字疗法治疗失眠的开拓者，

---

① 郝石萌，王晨等. 虚拟疗愈环境及其疗愈效益研究进展[J]. 风景园林，2022（8）：79-85.

其主要提供数字疗法 CDMO 及全流程服务。"好睡眠365"是芝兰健康针对中国失眠人群研发的 CBT-I 数字疗法失眠诊疗 App。患者们能在这个平台上获得专业精神科医生提供的科学的、专业的在线咨询，睡眠检测、睡眠改善训练、重度失眠患者的药物指导等服务，使患者自己可以在专业精神科医生的全程指导下，通过失眠认知行为疗法来改善睡眠质量。

正如情绪疗愈不一定要用传统方式一样。在日本，一款名叫"NICOBO"的家用机器人就因为"没什么用"而深受大家的喜爱。内置的情感模型是"NICOBO"最核心的技术创新，它最大的特点是真的像宠物一样拥有自己的情绪，高兴了会摇尾巴；生气了就转身离开；被抚摸时会激动；心情不好的时候会不给予反应。"NICOBO"还会有一些自己的"个性"，例如，它闭着眼睛碎碎念的时候，好像在说梦话；在你不经意的时候，它突然暗搓搓地发出放屁声，然后假装什么都没发生。尽管它的售价高达60500日元（折合人民币3000元左右），每个月还要支付相应的服务费，但这并不影响"NICOBO"的热销。购买者认为"我被治愈了""笑得更多了""一家人聊天的时间更多了、更亲密了""变得很期待回家"。

看来科技不仅改变生活，还疗愈生活。

后 记

疗愈是什么？

你是否需要疗愈？

你会因为什么被疗愈？

你想在疗愈经济风口凭什么方式赚钱？

答案不是从别人口中得到，而是要自己亲自找出来。

在这本书的最后，我真诚地感谢每一位读者，在此说一声：谢谢！感谢你们抽出宝贵的时间，和我一起探索疗愈经济。感谢在这本书的写作过程中，给予我众多帮助的朋友和编辑老师。

我在写书过程中，得以重新审视我的生活，也发现了很多有趣的故事。双鱼座是一个天生感情充沛的星座，所以我对疗愈这个话题格外有感触。写作这本书是一段充满挑战（毕竟我很久没写作了）又极具趣味的"旅程"，它让我开始深入思考疗愈这个话题。很幸运的是，我身边不少以前的同事、同学和朋友都在从事与疗愈相关的职业，他们给了我很多意见和启发。

于我而言，疗愈是空气般的存在。我看好疗愈经济的未来，因为我也是被疗愈的一员，希望未来也能被更好地疗愈，愿你也是。

交稿后，我将开启一段疗愈的旅程，愿我们能在世界的某个角落相遇。